평범한 직장인의 평범하지 않은

불안 다루기

평범한 직장인의 평범하지 않은 불안 다루기

발행일	2023년 8월 30일

지은이	김설규		
펴낸이	손형국		
펴낸곳	(주)북랩		
편집인	선일영	편집	윤용민, 배진용, 김부경, 김다빈
디자인	이현수, 김민하, 김영주, 안유경	제작	박기성, 구성우, 변성주, 배상진
마케팅	김회란, 박진관		
출판등록	2004. 12. 1(제2012-000051호)		
주소	서울특별시 금천구 가산디지털 1로 168, 우림라이온스밸리 B동 B113~114호, C동 B101호		
홈페이지	www.book.co.kr		
전화번호	(02)2026-5777	팩스	(02)3159-9637

ISBN	979-11-93304-34-1 03180 (종이책)	979-11-93304-35-8 05180 (전자책)

(주)북랩 성공출판의 파트너

북랩 홈페이지와 패밀리 사이트에서 다양한 출판 솔루션을 만나 보세요!

홈페이지 book.co.kr • **블로그** blog.naver.com/essaybook • **출판문의** book@book.co.kr

작가 연락처 문의 ▸ ask.book.co.kr

작가 연락처는 개인정보이므로 북랩에서 알려드릴 수 없습니다.

불안장애를 이기며 희망을 키운 평범한 직장인의 감동 투병기

평범한 직장인의
평범하지 않은
불안 다루기

김설규 에세이

 북랩

치유하는교회 교인이기도 한 김설규 집사님이 저술한 본서는 상담 관련 서적이나 심리치료 이론이라기보다는 실제 불안장애를 겪었던 글쓴이의 진술한 체험기입니다. 불안을 실제 경험하고 지속적으로 치유를 받아오고 효과를 누린 경험자로서 그로 인한 모든 어려움을 극복해온 과정과 방법들을 소개하는, 불안 치유에 관한 서적입니다.

체험보다 나은 지식은 없는 것 같습니다. 고대의 철학자 아리스토텔레스는 『니코마코스 윤리학(Ethica Nicomachea)』에서 사람이 행복을 추구하기 위해 필요한 것 중의 하나는 실천적 지혜라고 보았습니다. 실천적 지혜를 가진 사람의 특징은 자신에게 '좋은 것'과 '유익한 것', 그리고 '잘 살아가는 것'과 관련해서 잘 숙고할 수 있다는 점입니다.[1] 그는 "우리는 경험 많고 나이 든 사람들, 혹은 실천적 지혜가 있는 사람들의 증명될 수 없는 말과 의견들을 증명 못지 않게 경청해야만 한다. 그들은 경험으로부터 나온 눈을 가지고 있어 올바르게 보기 때문이다"라고 했습니다.[2] 이러한 의미에서 김설규 집사님이 자신의 실제 체험에서 우러나온 통찰력과 자기 자신의 질병에 대한 성찰, 그리고 여러 가지 경험적 시도를 통해 발견한 실천적 지혜는 지금도 수많은 불안에서 헤어나기 위하여 몸부림치는 현대인들에게 한 줄기 희망의 빛을 비추어줍니다.

이 책은 그가 이 장애를 어떻게 이겨내고 극복해내었는지에 관한 그만의 비법을 소개하고 있는데, 불안을 이겨내기 위해 치열하게 살아온 글쓴이의 눈물겨운 고군분투와 불안을 결국 극복하도록 한 효율적 전략들을 엿볼 수 있습니다. 이론을 넘어 자신의 체험을 통해 이해하게 된 불안의 정의와 원인, 그리고 그 불안을 다루고 극복해나가는 과정에 대한 자신만의 노하우를 진솔하고 담백하게 기술하고 있습니다. 또한 실제로 글쓴이가 불안을 극복했다는 차원에서, 어떤 의미에서 이 책

---

1 Aritoteles, Ethica Nicomachea, 제5장, 1140a. (210)

2 위의 책, 제11장, 1142b. (226)

은 현재까지 소개된 내로라하는 수많은 저명한 상담 및 심리 치유 학자들의 연구와 임상에서 탄생한 서적들 못지않게 실제 삶의 자리에서 불안이라는 적과 힘겨운 사투를 벌이고 있는 수많은 불안 경험자들에게 작은 소망의 신호탄을 쏘아올리고 있습니다.

불안으로 점철된 본인의 인생 이야기를 털어놓는 부분에서는 한평생을 술을 드시며 후회와 분노로 사셨던 아버지에 대한 두려움과 분노, 젊은 날 뜻하지 않은 교통사고로 생긴 트라우마와 무서운 악몽, K국 주재원으로 나가 있던 동안 다가왔던 극심한 스트레스와 B형 간염 감염으로 인한 극한의 고통과 절망, 평범하지 않았던 상처와 고통과 아픔으로 점철되었던 그의 가슴 아픈 과거 이야기를 볼 수 있습니다. 읽는 이의 눈물을 자아내는 이 상황 속에서도 이 모든 것을 극복해내고 행복해지기 위하여 몸부림치고 치열하게 싸워왔던 그의 도전과 치유의 과정은 보는 이로 하여금 '나도 할 수 있다'라는 도전의식과 깊은 감명을 줍니다.

특히 책의 내용 중에 인상 깊었던 부분은, 김설규 집사님이 '자기 치유'의 과정이라고 이름 붙인 장면입니다. 집사님은 이 자기 치유를 불안장애 치유 비결 중 70% 정도를 차지한 것으로 소개합니다. 물론 병원 입원을 통한 체계적인 치료도 필요하지만, 그는 개인적이고 주관적인 경험을 통해 확신을 가지고 이야기하고 있습니다. 그것은 눈물입니다. 불안장애로 고통 중에 지내던 어느 날, 그는 눈물이 마르지 않는 경험을 하게 됩니다. 무려 4시간이 넘도록 운 것입니다. 그리고 그날 이후로 마음이 홀가분해지고, 조금씩 불안이 잡히는 속도가 빨라진 것 같다고 고백하며 이 과정을 '자기 치유'의 과정이라고 부릅니다. 그러면서 우리 몸은 자기 치유 메커니즘을 가진, 매우 우월한 존재라고 표현합니다.

그렇습니다. 웃음과 눈물의 감동이 사람을 치유합니다. 성경에서도 로마서 12장 15절에 보면, "즐거워하는 자들과 함께 즐거워하고 우는 자들과 함께 울라"라고 하나님께서는 말씀하십니다. 본인의 목회 철학이기도 한 치유목회(Healing Ministry)는 영·혼·육의 전인치유(Total Healing)를 통해 전인건강(Total Health)을 회복하는 것인데, 이는 예수님께서 십자가에서 우리 영혼의 죄악과 육신의 질고와 마음의 상처까지 모두 담당하신 것을 근거로 합니다. 이러한 예수님의 전인적 치유의 능력은 또한 웃음과 눈물의 감동 가운데 임하게 됩니다. 저는 하나님의 말씀이 치유의 가장 큰 근거요 원동력이 된다[3]고 굳게 믿습니다. 웃음과 눈물의 감동적인 치유의 말씀

---

3 하나님의 말씀은 살아 있고 활력이 있어 좌우에 날선 어떤 검보다도 예리하여 혼과 영과 및 관절과 골수를 찔러 쪼개기까지 하며 또 마음의 생각과 뜻을 판단하나니(히브리서 4:12)

으로 "작은 낙숫물에 굳은 바위가 파이듯 영적으로 잠들고 심령이 상하고 육신이 병든 많은 영혼이 치유되는 놀라운 기적"[4]이 일어남을 저는 체험하였습니다. 여기에 놀라운 치유의 능력이 있습니다. 이러한 놀라운 치유의 은혜가 선포되는 말씀을 믿으며 예배의 자리를 지켜왔던 김설규 집사님은 바로 그것을 체험하였다고 확신합니다.

불안이 있어서는 결코 행복을 누릴 수 없습니다. 그 불안은 누구에게나 찾아올 수 있습니다. 이 책이 아무쪼록 모든 불안을 극복하고 평안을 누리며 행복한 제2의 인생을 다시 누리기를 원하는 모든 현대인들에게 실제적인 도움이 될 수 있기를 바랍니다. '나도 할 수 있다'라는 자신감을 심어주는 귀한 마중물이 되고 행복을 전하는 축복의 통로가 될 수 있기를 기도하며 이 책을 추천합니다.

김의식 목사

- 現 치유하는교회 위임목사 /

대한예수교장로회 통합교단 제108회 총회장

---

4 김의식, 치유목회 이야기, 쿰란출판사, 2021, p. 184

20년도 넘었지만 아직도 그 밤의 통화를 잊을 수 없다.

저자가 본인과 캠퍼스에서 동역하던 대학 시절(1998~1999년 경), 잦은 악몽에 시달리다 못해 어느 날 새벽녘에 내게 전화를 한 것이었다. 저자의 목소리는 사시나무 떨듯이 떨리고 있었고, 그가 들려주는 악몽의 내용들은 너무 구체적이고 듣기에도 끔찍했다.

눈만 감으면 또다시 악몽이 반복되어서 잠을 잘 수 없다는 이야기에 당시 사역을 시작한 지 얼마 안 되는 풋내기 기독교 사역자였던 본인은 전화를 붙들고 기도도 해주고 성경 구절도 읽어주며, 할 수 있는 최선을 다해 저자를 진정시키려고 노력했다. 저자는 대학 시절 교통사고 트라우마로 수시로 꾸게 되는 악몽과 싸웠고, 대학 시절 내내 생활비와 학자금 마련을 비롯한 여러 고비들을 넘기며 대학 생활을 무사히 마치려 노력했다.

대학 시절 이후 20년 넘게 관계를 맺어오면서 그의 취업과 결혼, 그리고 무엇보다 치열하게 살아온 사회초년생의 삶을 들었다. 그러던 중 저자가 K국 주재원으로 파견되고 한동안 연락이 없어 잘 지내고 있을 거라 생각했으나, 몇 년 후에 불안장애로 몸이 너무 상한 상태가 되어 귀국하였다. 그의 귀국 소식을 듣고 만나보았는데, 그는 이미 첫 발병 후 휴직한 상태였고 그 만남을 통해 수년간의 치열한 투병 과정을 들을 수 있었다.

그리고 얼마의 세월이 흘렀을까. 저자는 별안간 내게 연락을 해왔고 책의 추천서를 써달라고 해서 원고를 받아 읽어보았다. 나도 어렴풋이만 알고 있던 불안이라는 낯선 정서와 불안장애, 강박장애, 공황장애 등에 대해 저자는 자신의 일생을 거쳐 씨름해왔고, 지금도 경험하고 있는 불안이라는 낯선 감정을 어떻게 극복하고 다루는지를 본인의 책에 자세히 적어 놓았다.

아직도 한국 사회에서는 신경정신과 치료에 대해 선입견을 가진 사람들이 많다. 그래서 치료의 과정이라든지, 상담과 입원 치료의 장단점에 대해서 자세히 알 수 있는 정보가 부족한 게 사실이다. 저자는 이 책에 그가 불안장애를 갖게 됐던 원인과 치료를 위해 경험했던 상담, 병원 선택, 약 복용 및 단약 과정에 대해서, 또 불안을 다스리는 데 도움을 줄 수 있는 호흡법, 요가 등 나름의 대처 방법에 대해서 솔직하면서도 자세하게 설명해놓았다. 그래서 불안이라는 증세가 나타났을 때 어떻게 대처해야 할지 모르는 많은 사람들에게 조금이라도 도움이 되도록 손을 내밀어주는 안내자의 역할을 하고 있다. 그의 책에 나오는 '상처 입은 치유자'로서의 소망이 바로 그가 이 책을 쓴 이유임을 느낄 수 있었다.

나는 아직 불안이라는 정서가 나를 흔들 정도로 찾아온 적은 없다. 그래서 나와 가장 가까운 곳에 있는 사람이 불안해할 때, "왜 그렇게 마음이 여리냐" 하며 이해하지 못하겠다는 말을 하곤 했다. 이 책을 읽으며, 나와 가장 가까운 곳에 있는 그 사람이 느끼는 '불안'이라는 정서가 단지 의지가 부족해서라거나 마음이 여려서 발생하는 것이 아님을 깨닫게 되었고, 그에게 이 책의 내용을 토대로 이야기해주었다.

어쩌면 이 책은 다른 사람이 아닌 바로 나 같은 사람을 위해 필요한 책이라는 생각이 든다. 주위에 불안장애로 힘들어하는 지인들이 있다면 이 책을 꼭 추천해주고 싶다. 불안과 씨름하고 있는 이들에게도, 그들을 옆에서 지켜보며 어떻게 대해야 할지 몰라 고민

하는 자들에게도 이 책은 많은 도움이 될 것이다.

아울러, 한국 사회라는 초경쟁 사회에서 한 치 앞을 내다볼 수 없어 불안 가운데 힘들어하는 모든 이들에게 이 책은 예방주사와 같은 도움을 줄 것이다. 마지막으로 나누기 쉽지 않은 자신의 아픈 인생 이야기를 글로 써준 저자에게 깊은 감사의 마음을 전한다.

고맙다. 설규야.

김성우
- 前 한국기독학생회(IVF) 간사 /
現 천왕마을 손길사회적협동조합 이사장

서문

예전부터 '낭만닥터 김사부' 시리즈 드라마를 즐겨 봤다. 어느
새 세 번째 시즌이 나왔고 나와 우리 가족은 모두 이 드라마에 열
광했다. '낭만닥터 김사부'의 많은 장면이 감명적인 대사들로 가득
차 있는데, 그중 지금까지 나의 가슴에 남은 대사가 있다. 바로 현
대를 살아가는 젊은이들에 대한 이야기다.

드라마 속에서 차은재와 사귀고 있는 서우진이 차은재의 아버
지와 만나 술 한잔 기울이며 서로의 이견을 좁혀가는 장면이다.
차진만 교수의 눈에 비친 젊은 세대들의 나약함에 대한 대화 내용
이 그것인데 이 장면에서 서우진 선생의 답변이 아직도 내 가슴에
울림으로 남아 있다.

차진만 교수: 그냥 책임감을 키워주고 싶었거든. 의사로서의

숙련도가 곧 환자의 생명과 직결된다는 걸 깨닫게 해주고
싶었거든. 그렇게, 그렇게 뛰어내릴 거라고는 생각 못 했다.
솔직히 난 너희 세대를 정말 이해 못 하겠어. 뜨악할 정도로 할
소리, 못 할 소리 다 해대는 녀석들이 책임질 때는 왜 그렇게 쉽게
무너지는 건지. 멘탈은 약해 빠져 가지고, 뭐가 이렇게 까다롭고
요구사항들은 많은지. 노력도 안 하면서 성과는 바라고,
열심히도 안 하면서 뭐만 좀 시키면 힘들다고 아우성이고... 그래
가지고 대체, 대체 뭘 제대로 할 수 있을지.

**서우진 선생: 생각하는 게 달라졌고, 무엇보다 살아가는 세상이
다릅니다. 가능성의 시대가 아니라 버텨내야 하는 시대를 살고
있으니까요. 지금의 청춘들은.**

그렇다. 지금의 청춘들은 버티고 있다. 더 정확하게 말하자면,
청춘뿐 아니라 이 세대를 살아가는 우리 모두는 어려운 삶을 버티
고 견디며 노력하고 감내하고 있다.

우리네 아버지 세대와 차진만 교수가 살아가던 시대는 가능성
의 시대였다. 산업이 발전하고 무엇을 하든 다 이룰 수 있었던 시
대였던 것이다. 전국 어디든 부동산(그게 땅이든, 아파트든, 상가 건물이
든)을 사두면 다 올랐고, 주식도 오르기만 했으며(물론 잘못된 주식투
자로 망하는 경우도 있었고 하루아침에 IMF를 맞는 일이 일어나기도 했다), 은
행에 저축하면 이자율도 높았다. 모두가 넉넉하지 못한 시대를 살

았기에 내가 조금 가지지 못한 것이나 배우지 못한 것을 부끄러워 하거나 불안해하지 않았다.

그러나 지금의 청춘들에게는 더 이상 이 시대가 기회의 땅이 아니다. 언론에서도 이미 여러 번 회자(膾炙)되었지만 세대 간 사다리는 이미 걷어차인 지 오래되었고 특히 부와 학벌에 있어서 계층 간 격차는 더욱 심화되고 일자리는 더욱 사라져가고 있다.

산업이 발전하고 글로벌화가 가속화되면서 이름하여 '무한 경쟁'의 시대로 접어들었다. 세상이 우리에게 능력과 자격요건이라는 이름으로 더 많은 것을 요구하기 시작한 것이다. 단적인 예를 든다면 22년 전 내가 입사할 때는 토익 700점이면 우수했다. 하지만 이제는 900점도 입사가 쉽지 않다. 2000년 대학 시절에는 학교마다 기업들이 여는 취업박람회와 기업설명회가 자주 있었고 사람들은 기업을 골라 취직하곤 했지만 지금 취준생(취업준비생)들은 기업 원서를 100번 넘게 쓰는 일은 어디에서 명함조차 내밀지 못한다고들 한다.

이 모든 현실(이른바 '무한 경쟁 시대')은 젊은 청춘들뿐 아니라 이 시대를 살아가며 어느 정도 이 사회에서 자리를 잡은(나를 포함한) 기성세대들까지 온통 불안으로 내몰고 있다고 감히 자신할 수 있다. 혹자의 말에 따르면 강남에 들어선 성형외과보다 최근에는 신경정신과 병원들이 더 많은 추세라고도 하고, 나의 경험에 비추어 봐도 3차 대학병원 신경정신과는 한두 달 예약은 이미 다 차 있다. 서울 변두리 신경정신과라고 별반 다르지 않다.

나는 내가 오롯이 경험한, 불안이라는 낯설고도 혹독한 감정의 늪과 신체화로 진행된 아픔을 끌어안고 극복해가는 그 과정을 많은 사람들과 나누며 그들을 위로하고 싶었다. 물론 나는 전문 상담사도 아니고, 더구나 의사도 아니다. 전문적으로 글을 적는 작가는 더더욱 아니다. 하지만 내가 겪은 나의 불안감과 불안장애, 그리고 그 극복 과정에서 겪은 수많은 시행착오와 실패, 재발 등의 경험을 책자를 통해 나눔으로써 불안장애를 겪고 있는 많은 현대인들에게 작은 빛을 비추어줄 수 있을 것이라 믿는다. 무한 경쟁 사회에서 지쳐 쓰러져가는 사람들 중 단 몇몇에게만이라도, 불안감 혹은 불안장애는 극복될 수 있고 이 병에서 놓임을 받을 수 있다는 희망과 기대를 전해줄 수 있다면 이 책은 그 역할을 충분히 하는 것이라 믿는다.

　평소에 어떤 모양으로든, 어쩔 도리가 없는 불안과 불안장애로 행여나 행복한 나날들을 보내지 못하는 현대인들에게 나의 글이 위로가 되고 빛과 희망이 되고 지표가 되길 바란다. 그리고 이로써 당신의 삶이 행복해질 수 있기를 간절히 소망한다.

2023년 8월
김설규

Contents

I
불안장애, 어디에서 시작되었나

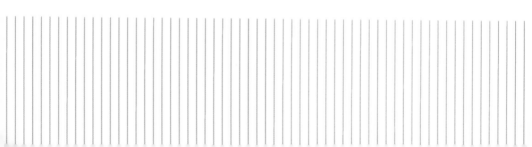

II
불안장애를 다루는 법 - 일반론

III
불안장애, 나는 이렇게 다루었다

IV
불안장애 끝장내기

I

불안장애, 어디에서 시작되었나

1. 불안장애란 무엇인가,
나약한 정신력의 문제인가

사람이 살아가면서 아프지 않고 사고를 당하는 일도 없다면 그보다 더 좋은 일은 없을 것이나, 인생이 그리 호락호락하지는 않다. 나 또한 불안장애를 2년 동안 겪으면서 '지옥문' 앞까지 갔다 온 경험자로서 현재 불안장애를 겪고 있는 다른 분들에게 조금이나마 도움이 되었으면 하는 마음으로 나의 이야기들을 나누려고 한다.

어디까지가 불안장애인가?

불안이라는 감정은 어쩌면 인간이 스스로의 생명을 지키고 보존하기 위해 뇌를 포함한 인체가 만들어내는 극히 자연스러운 감정이라고 할 수 있지만, 애석하게도 불안이라는 감정에 '장애(障礙)'라는 말을 붙이는 순간부터 이는 단순한 감정에 머물지 않고 하나의 질병으로 진화·발전하게 된다.

나의 경험에 비추어 주관적으로 판단해보면, '장애(障礙)'라고 일컫는 것은 불안이라는 감정이 더 이상 나의 힘으로 조절될 수 없는 경우에야 비로소 가능하다. 예를 들면 불안한 마음이 들 때 텔레비전을 보거나 운동을 하면서 그걸 잊으려고 노력할 때 곧 불안이 사라진다면 그건 불안장애가 아니다.

불안장애는 불안한 마음이 하루 종일 계속되거나, 혹은 어떤 순간 불안한 마음이 너무나 강력하게 밀려와서 아무 일도 할 수 없거나, 본인이 스스로 호흡조차 할 수 없거나, 가슴 통증을 강하게 느끼거나 하여 '일상적인 생활을 계속적으로 영위할 수 없을 지경에 이르게 될 경우'를 불안장애라고 할 수 있을 것이다.

나약한 정신력의 문제인가?

불안장애에 대한 가장 큰 오해가 있는데 그건 바로 불안장애가 나약한 정신력에 근거한다는 일반 대중들의 선입견이다. 물론 백 번 양보해서 사람의 마음이라는 게 정말 여리고 여릴 때가 많아서 쉽게 상처를 받을 수 있다. 인간이 원래 그렇게 나약한 존재니까.

다른 사람들이 무심코 아무런 생각 없이 던진 한마디도 듣는 자신이 어떤 상황에 있느냐, 둘 사이의 평소 관계가 어떠냐에 따라 평생 가슴속에 상처나 심지어 한(恨)으로까지 남는 경우도 있다. 오죽하면 우리나라 속담에 무심코 던진 돌멩이 하나에 개구리는 맞아 죽는다는 관용구가 있을까.

하지만 단지 나약한 정신력이 불안장애의 원인이라고 몰아가는 것은 위험하고, 그러한 비난은 불안장애를 안고 살아가는 사람들에게 이차(二次) 피해의식을 심어주기에 충분하다. 불안을 느낀다는 것은 스트레스를 받는 상황 속에서 스트레스 호르몬인 '코르티솔(cortisol)'이 지속적으로 분비되는 과정에서 나오는 신체의 자연적인 반응 혹은 느낌인데, 이때 우리 몸은 일정 시간이 지나면 코르티솔의 분비가 줄어들거나 혹은 과다한 코르티솔의 분비를 막기 위해(지속적인 코르티솔의 분비는 신체의 호르몬 밸런스를 망가뜨리고 장기적으로는 수면장애, 식욕장애, 호르몬 분비 이상, 성욕 감퇴 등 각종 부작용을 불러온다) 세로토닌 같은 행복 호르몬을 분비하여야 한다. 그럼

평범한 직장인의 평범하지 않은 불안 다루기

에도 불구하고 일정 수준 이상의 코르티솔이 어느 기간 이상 지속적으로 분비되면 몸이 더 이상 세로토닌을 효율적으로 분비하지 못하는 경우가 오는데 이 시점이 바로 불안장애가 시작되는 시점이다. 또한 지속적인 코르티솔의 분비는 결국 신체의 면역기능을 현저하게 저하시키는 결과를 초래하게 된다. 다시 말해 불안장애는 우리 몸의 호르몬 분비 기능 이상에서 시작되는 것이다. 나약한 정신력의 문제라고만 치부할 수 없는 이유가 여기에 있다.

향후 이에 대한 구체적인 사례들을 언급할 것이다. 이 책의 마지막 책장을 덮을 즈음에는, 불안장애가 나약한 정신력에서 비롯되는 것이 아니라 우리 몸의 호르몬 분비 기능 이상이라고 하는 이유를 이해하게 될 것이라 믿는다.

· · · ·

견디면 나아질까

불안장애는 초기 단계에서는 단순히 감정적인 부분에서 불안감이 쉽사리 사라지지 않아 삶의 질이 떨어지는 현상이라 생각하기 때문에 이 정도 '기분'쯤이야 견디면 나아질 거라는 생각을 하기 쉽다. 사람이 기분에 흔들려서야 되겠냐는 근거 없는 가설(?) 같은 것이다.

그러나 그것은 매우 위험한 생각이다. 불안장애가 초기 단계의 감정적인 불안 상태에만 머물러 있으면 다행이고, 또 일상생활이 가능하겠으나 공황장애 전 단계처럼 급속한 호흡곤란(호흡부족, 혹은 과호흡)이 오거나 가슴의 통증이 갑자기 심해지게 되는 그 순간, 만약 우리가 운전이나 '안전에 위협이 되는 그 무엇'을 하고 있던 순간이라면 이야기는 달라진다.

앞에서 이야기한 것처럼 불안장애는 기분의 문제가 아니라 지속적인 스트레스 상황 아래에서 우리 몸에서 항상적이고 균형적으로 이루어지는 호르몬 분비의 기능이 무너진 것이다. 따라서 견딘다고 절대 나아지지 않는다.

또한 불안장애가 시간이 갈수록 심해지게 된다면 곧 수면장애, 식욕장애, 성욕 감퇴를 겪게 될 것이다. 장기적으로 방치하게 되면 우울증이 나타나고, 악몽을 꾸고, 환청을 듣게 되는 등 말 그대로 매우 심각한 상황에 이르게 될 것이다.

불안장애를 2년 동안 온전히 극한까지 겪어본 내가 충고한다. 불안장애에 맞서지 마라. 외부인의 도움 없이 당신 스스로 절대 불안장애를 이길 수 없다. 단순히 잠깐잠깐 불안감을 느끼는 수준을 이야기하는 것이 절대 아니다. 내가 '장애(障碍)'라는 단어를 붙였다는 것은 단순한 불안감 그 이상, 도저히 이성으로는 멈춰지거나 인위적인 행동으로 막을 수 없는, 거의 '장애' 수준까지 이르렀음을 의미하는 것이다.

견딘다고 해서 절대 불안장애가 나아지지 않는다. 그렇다면 우리는 불안장애를 어떻게 다루어야 하는가?

2. 왜 하필 불안장애인가

불안장애를 겪으면서 무엇보다 힘들고 답답한 것은 다른 사람들이 우리의 상황이나 처지를 잘 이해하지 못한다는 점이다. 사람들에게 불안하다고 이야기하면 흔히 이런 답을 듣게 되는 경우가 많다.

"불안해하지 마."

나도 교회를 다니고 있지만 교회 다니는 사람들에게 이야기하면 돌아오는 답변은 거의 비슷하다.

"불안해하지 마세요. 하나님이 우리의 삶을 모두 돌보고 계시는데 불안해할 이유가 없잖아요. 불안해하는 건 믿음이 없다는 거고, 아직 하나님을 만나지 못했다는 거랍니다. 그러니 불안해하지 마세요. 그리고 불안한 마음이 밀려올 때마다 기도하세요. 그 불안한 마음을 대적하세요. 성경 말씀들을 묵상하세요. 성경에서 그리 말씀하고 있지 않나요? 아무것도 염려하지 말라고, 너희는 염려함으로 그 키를 한 자도 더할 수 없고 머리카락 하나도 검게 만들 수 없다고…."

나의 불안을 친구에게 털어놓으면 친구는 전혀 이해하지 못하겠다는 투로 이렇게 이야기한다.

"왜 불안하지? 너 멘탈(mental)이 영 별로구나. 그깟 일로 왜 그래. 그냥 잊어버려."

불안을 겪는 우리들로서도 환장할 노릇이다. 왜 불안한 걸까…. 난 불안하고 싶지 않은데….

사람이 지속적인 스트레스 상황이나 불안할 수밖에 없는 조건에 오래 있다 보면 몸이 어떤 모양으로든 그 당사자에게 신호를 보내기 마련이다. 그 신호를 알아차리고 얼른 그 상황과 조건에서 벗어나라고… 그래서 몸을 안전한 장소로 옮기라고 신호를 보내는 것이다.

스트레스를 받거나 불안한 상황이 되면 어떤 사람은 손바닥에 땀이 흥건해질 것이다. 어떤 사람은 심장이 조금씩 빨리 뛸 것이다. 어떤 사람은 눈이 뻑뻑해질 것이다.

또 어떤 사람은 오줌이 마렵거나 뒷간(화장실)이 고파질 것이다. 이 증세는 특히 신경성 대장염을 앓고 있는 이들에게 더욱 자주 나타나는 현상이니 나의 말에 공감하는 사람들이 많을 것이다. 나 역시 어려서부터 장 기능이 연약하여 신경성 대장염을 달고 살다시피 했고, 불안장애를 심하게 겪었을 때에는 30분 단위로 화장실을 들락거리기도 했다.

내가 하고 싶은 이야기는, 몸이 불안한 상황에 대처하는 방식이 사람마다 천차만별이라는 것이다. 또한 그 스트레스 상황이나 불안한 조건을 조기에 해결하지 못했을 경우, 본인의 몸에 오는 이상 신호 또한 천차만별이다. 실제로 내 주위에는 스트레스를 견디지 못해 결국 몸이 병든 사람들이 꽤 있는데, 어떤 사람은 뇌압이 상승하여 뇌의 모세혈관이 터져 경중이지만 뇌출혈이 왔다.

어떤 사람은 스트레스가 과도하여 신장이 망가지는 바람에 투석에 들어갔다. 어떤 사람은 스트레스 상황이 올 때마다 오줌이 너무 마려워져 곤란한 상황에 자주 맞닥뜨린다. 어떤 사람은 극도의 스트레스를 3개월 받더니 40대 초반인데 고혈압이 와서 6년 정도 지난 지금까지 고혈압 약을 먹고 있다. 그는 아마도 남은 평생 고혈압 약을 먹어야 할지도 모른다.

어떤 사람은 스트레스가 심한 어느 겨울날 입이 돌아갔다(구안와사가 온 것이다). 어떤 사람은 40대 후반에 결국 위암에 걸렸다(직장생활이 이리도 힘든 것인가, 목숨을 걸 만큼 소중한 것인가 생각하게 된다). 이 사례는 모두 나의 주변에서 나와 친분이 있거나 알고 지내던 사람들, 지인의 지인들의 실제 이야기들이다.

나의 경우에는 극도의 스트레스로 인해 사실 불안장애보다 간의 면역력이 먼저 무너졌다(간암 표지자 지수인 AFP가 95나 나왔다. 정상 수치는 20 이하여야 한다. 이 수치는 간암 환자들에게나 나오는 수치라고 했다). 술, 담배도 안 하는 자연의 몸을 가진 나인데 말이다.

공황장애는 자연발생적으로 반복되는 공황발작, 그리고 이 공황발작이 올 것에 대한 지속적인 예기불안의 핵심 증상이다.

공황발작이란 갑자기 예기치 않게 발생하고 급격히 고조되는 극심한 공포 및 불편함과 더불어 가슴 두근거림, 질식감, 어지러움, 죽을 것 같은 극심한 공포감 등의 신체 증상이 한 시간 이내로 지속되는 것을 말한다.

공황장애는 흔히 광장공포증을 동반한다. 광장공포증이란 공공장소에 혼자 있는 것을 두려워하는 것이다. 예를 들면 비행기 기내, 엘리베이터 내부, 전철 내부 등 빨리 빠져나올 수 없는 장소에서 극심한 불안감, 공포가 나타나는 것이다.

사람마다 그렇게 세상풍파(世上風波)에 시달리고 헤매다 나이가 들어감에 따라 몸도 병들어가는 것이다. 이제는 그 모든 것들을 좀 내려놓고 제발 좀 쉬라고 몸이 우리에게 병을 통해 말을 걸어오는 것이다. 불안도 그 많은 '병증'들 중 하나인 것이다.

여기서 우리는 우리의 생각을 한번 전환해볼 필요가 있다. (사실 나 역시 수긍이 힘들 때도 있지만) 스트레스의 결말로 고혈압이나 위암에 걸리지 않은 것이 어딘가!

사람들이 우리의 불안을 이해하지 못하고 고개를 가로저어도,

평범한 직장인의 평범하지 않은 불안 다루기

줄곧 받아온 스트레스로 인해 신장 기능이 망가져서 3일에 한 번씩 투석을 받는 삶을 살아야 했다면 우리의 삶은 또 얼마나 많이 망가졌겠는가? 어쩌면 몸 전체가 망가져 암에 걸리거나 신체 장기 중 일부가 망가진 것보다 내가 조금 불안한 것이 차라리 나을지도 모르는 것이다. 나 역시 환청이 들릴 지경의 불안장애 '끝판왕'을 겪어봤기에 감히 이런 말을 할 수 있다.

그저 우리는 우리의 신경계와 호르몬계가 잠시 균형을 잃어 불안한 것일 뿐, 우리의 장기(간, 폐, 신장, 위 등)들은 여전히 작동해주고 있다…. 이 얼마나 감사한 일인가.

그러니 왜 우리가 하필이면 이 몹쓸 불안장애에 걸렸는가 하며 자신의 삶을 탓하거나 원망할 필요가 없다.

3. 너무 쉽게 무너지는 마음, 강박장애에 빠지다

불안장애의 한 카테고리라고 해야 할지, 불안장애로 인해 형성되는 또 다른 질병이라고 해야 할지, 신경정신학을 잘 알지 못하는 내가 함부로 뭐라 정의할 수는 없지만 나의 투병 생활 속에서 나타나기 시작한 강박장애에 대한 이야기를 하려 한다.

이 카테고리를 보면 공황장애, 강박장애 또한 큰 범주에서는 불안장애의 일종으로 보는 것이 맞다. 나의 경우에도 불안장애를 앓았으나 그렇다고 하여 공황장애나 강박장애의 증상이 아에 없다고 할 수는 없다.

단지, 손이 지저분할까 봐 계속 손을 씻는 것처럼 너무나 전형적인 모습의 강박은 없지만, 내가 이야기하고 싶은 것은 강박적인 사고와 그 순환 고리를 끊지 못하고 강박적인 사고가 신체화되어 증상으로 우리를 괴롭히는 경우다. 그건 어떤 면에서는 '강박'이라는 단어에서 오는 선입견을 제(除)하고 보면 공황장애에 가까운 면도 있다.

한 사례를 들어보자. 한참 불안장애에 시달리면서 불안으로 인한 신경성 대장염이 극한에 달한 적이 있었다. 큰 것을 해결하려 1시간 간격으로 하루 종일 화장실에 가본 사람이 있을지 모르겠다.

견디다 못해 한의원을 찾아갔는데 그때 의사 선생님이 들려주신 사례다.

어떤 영업사원이 있었다. 그 영업사원은 특성상 접대 골프를 정말 자주 쳐야 했는데, 어느 순간부터 도저히 골프를 칠 수 없어서 영업이 너무 힘들다고 한의원을 찾아온 것이다. 그 사람은 특이하게도 '필드 4번 홀 강박성 대장장애'가 있었다. 골프를 잘 치다가도 4번 홀만 가면 배가 아프고 설사가 나서 화장실을 가야만 하니 접대 손님과 중요한 계약을 앞두고 치는 골프일 경우 마음이 놓이질 않는 것이다.

정말 특이하지 않은가! 골프를 치다가 유독 4번 홀만 가면 배가 아프고 설사가 나서 더 이상 운동을 할 수 없다니…. 그래서 그 영업사원은 골프장까지 접대 손님을 안내하고 티업을 본 후에 손님이 라운딩을 끝까지 마칠 때까지 클럽하우스에서 기다리는 일을 계속해야 했다고 한다.

사연은 이렇다. 어느 날 골프장에서 접대 골프를 치고 있었는데, 우연히 4번 홀에서 배가 너무 아팠다고 한다. 라운딩하는 거래처 사장님과 캐디에게 양해를 구하고 그린(green) 근처까지 먼저 달려가서 숲속으로 들어가 큰 볼일(?)을 보고 있었다.

그런데 기가 막힌 일이 일어났다. 거래처 사장님이 친 공이 본인이 볼일을 보고 있는 곳 바로 2미터 앞에 떨어진 것이다. 1분이 채 지났을까, 본인이 볼일을 보고 있는 곳으로 캐디가 골프공을 찾으러 성큼성큼 걸어오는 것이 아닌가.

'오 마이 갓(Oh my God)…!'

볼일 보던 것을 끊고 나갈 수도 없었다. 너무 순식간에 일어난 일이었고, 캐디와 눈이 마주치던 순간 그 사람은 몸과 마음이 모두 얼어붙어버렸다. 심장은 방망이질을 해대고 눈이 튀어나올 것 같고 귀가 부끄러움으로 벌겋게 달아올랐다. 그 영업사원은 그날 어떻게 골프를 쳤는지 기억하지 못한다고 했다.

그리고 거짓말처럼 그 영업사원은 골프장 4번 홀에서 배가 아파오기 시작한 것이다. 한 번의 예외도 없이 계속…. 4번 홀만 가면 배가 아파서 참다 못해 한의원을 찾아온 것이라고 한다.

내가 굳이 이 이야기를 하는 이유는, 우리 모두는 이렇듯 연약한 존재들이라는 것이다. 또, 우리가 앓고 있는 불안장애나 우울이 무슨 대단히 못난 사람들이 몹쓸 병에 걸린 게 아니라 누구나 걸릴 수 있고, 또 누구나 어느 정도의 불안은 모두 안고 살고 있다는 것을 말하기 위해서다.

위 사례 말고도 내 주위에는 준 불안장애를 느끼며 신체화된 불안장애 증상을 안고 불편함을 감수하면서 딱히 장애라는 생각 없이(그게 불안장애라는 걸 꿈에도 모른 채) 그냥 살아가는 사람들도 있다. 예를 들면 퇴근하기 전에는 반드시 화장실에 들러 큰 것이든 작은 것이든 반드시 해결해야만 안심하고 퇴근할 수 있는 사람들이 있다.

어디 이것뿐인가. 주위에 홀로 사업을 운영하는 사람이나 사회생활을 오래 한 사람들에게 살며시 물어보라. 혹시 강박이나 공황 증세가 없는지 말이다.

터널 속을 지나갈 때마다 답답함에 숨이 잘 쉬어지지 않는 증세가 있어 터널은 전속력으로 지나간다는 사장님도 만나봤고, 비행기를 타면 답답함에 숨을 쉬지 못해 해외영업팀에서 근무하면서도 미국이나 남아메리카에 위치한 국가들로는 한 번도 출장을 가본 적이 없다는 고백을 지인으로부터 듣기도 했다. 심지어 내가 정기적으로 다니는 병원(10년 동안 3개월에 한 번씩은 찾아가는 곳) 소화기내과 교수는 항상 옆에 알프람정을 두고 불안이 올라올 때마다 먹는다는 이야기를 들었다. 의사들도 불안약을 먹느냐고 물으니 "의사도 사람 아닌가요? 지위가 올라갈수록 책임이 무거워지니 어쩔 수 없는 부분도 있는 것 같아요. 그냥 불안할 때만 비타민을 먹는다는 마음으로 가볍게 먹고 있어요"라며 겸연쩍은 웃음을 지어 보이기도 했다.

세상살이라는 것이, 지금 우리가 살아가고 있는 세상이라는 것이 그리 각박한 것이고 또 살아내기에 만만치 않은 곳이다. 우리의 몸은 나이가 들어감에 따라 조금씩 조금씩 약해지고 약해져 어느새 공황이나 불안, 강박이나 신체 징크스 하나쯤은 훈장처럼 달고 살게 된다는 것이다.

그러니, 절대 스스로 우울감이나 자괴감에 빠지지 말기를 바란다.

4.   왜 우리는 불안하게 되었을까

우리는 어쩌다가 불안이라는 감정을 친구처럼 껴안고 살게 되었는가?

예전 우리네 부모님들도 지금의 우리처럼 이렇게 많은 불안과 우울과 공황을 안고 살았던가?

우리는 앞선 세대들에 비해 정말 심약하기 그지없는, 연약한 사람들인가?

우리는 왜 불안을 느끼는지, 그리고 우리는 왜 앞선 세대들보다 더 많은 불안에 노출되고 있는지 곰곰이 생각해볼 필요가 있다.

첫째는, 사회가 발전하면서 '상당히', '더 오랜 기간 동안' 무한 경쟁에 지속적으로 노출되고 있어 스트레스의 무게가 훨씬 길고 무거워졌기 때문이다. 예를 들면, 예전 우리네 부모님들이 살던 시대에는 대부분의 사람들이 농사를 지으며 살았고 농자천하지대본이라는 이야기를 하며 살았다. 아이들은 국민학교까지밖에 다닐 수 없었고(심지어 학교 정문도 밟아보지 못한 사람들도 많았다), 많이 배우는 사람도 중학교까지만 갔다. 정말 공부에 뜻을 둔 사람들, 여유가 있는 사람들만이 대학에 갈 뿐이었다. 그리고 아버지의 대(代)를 이어 농사를 지었다.

부끄러운 이야기일지 모르겠으나 우리 할아버지는 책보따리 메고 서당에 가다가 공부가 하기 싫어 책보따리를 산에 풀어두고 하루 종일 놀다가 서당이 마칠 시간에 맞춰 집에 돌아갔다고 하셨다. 그리고는 농사가 좋아서 공부를 포기했다고…. 세월이 지나고 보니 그때 안 배운 게 한(恨)이 된다고 하셨다.

지금은 우리는 끊임이 없는 교육과정을 거치면서 무한 경쟁에 '더 오랜 기간 동안', '지속적으로' 노출된다. 유치원에 가기 전부터 어린이집에 가고, 유치원에 가고, 초등학교, 중학교, 고등학교, 재수라도 할라치면 재수학원, 대학교, 군대, 다시 대학교, 취직이 안 되면 대학원, 그리고 직장….

우리는 너무나 오랜 세월 동안(대학원 졸업까지 교육기관에만 20년을 다닌다) 교육기관에 다니면서 각종 스트레스를 받는다. 성적이 안 나오면 안 나오는 대로 그다음 교육기관으로(예를 들어 고등학교에서 대학으로) 잘 넘어가지 못할지도 모른다는 불확실성에서 오는 불안감을 견뎌야 한다. 성적대로 어떤 교육기관에 가느냐에 따라 매겨지는 우리의 인생 가치를 감당해야 한다(사실 우리가 다 아는 대로, 인생의 가치는 절대 성적대로 결정되지 않는다. 우리가 그렇게 느낄 뿐이다).

그 많은 교육기관에 다니고 졸업하고 직장을 준비하면서 개인들이 감당해야 하는 각종 시험에 대한 무게도 엄청나다. 예전에 우리 부모님 세대 중 누가 토익을 보았는가! 누가 TEPS를 준비하고, 공인회계사, 감정평가사 시험을 쳤던가. 남들이 다 가는 대학을 정해진 기간 내에 가지 못할 경우, 남들이 다 갖는 직장을 정해진 기간 내에 갖지 못할 경우 우리는 엄청난 스트레스를 받게 될 것이며, 심지어 그 정해진 기간을 넘어버리게 되면(나이 35세를 넘으면) 신입사원으로 사회에 첫발을 내딛기는 정말 어려워진다.

둘째, 사회의 발달로 자연에서는 멀어지고 육체적 노동도 줄었다. 사회가 발달하면서 인간은 자연으로부터 점점 멀어졌다. 그리고 직장을 찾기 위해, 성공하기 위해 대도시로 대도시로 몰려들게 되었다.

모름지기 사람은 녹색을 보고, 햇빛을 쬐며 흙을 밟고 살아가야 하는 존재다. 우리 신체는 광합성을 하는 식물이 아님에도 햇빛을 받아 신체의 각종 호르몬이나 영양소를 만드는 특이한 구조를 가지고 있다. 비타민 계열이 대표적이고, 심지어 우울한 사람들이 햇빛을 하루 10분 이상 쬐면 도움이 된다는 의사의 권고만 보아도 인간은 자연, 태양과 멀어져서는 살아갈 수가 없다. 또한 사람들이 수목원과 같이 수풀이 우거지고 나무가 울창한 산속을 찾을 때, 그 속에서 소위 피톤치드(phytoncide)라는 성분으로 인해 마음의 평안을 얻는 것만 봐도 알 수 있다.

수목원에 가서 울창한 삼림 한가운데서 마음껏 자연의 소리와 산소를 들이마실 때 오는 해방감을 모르는 사람은 없을 것이다. 그러나 우리의 일상은 어떠한가. 우리는 우리 일과의 대부분을 잿빛 콘크리트 박스 안에서 햇빛과 차단되어 살아간다. 유치원부터, 학교, 직장, 심지어 거주하는 아파트까지 모두가 잿빛이다. 출퇴근 때도 어두컴컴한 지하철을 이용하는 경우가 태반이다.

산업이 발달하면서 육체적 노동도 줄었다. 단순히 블루칼라 (blue color)들이 하는 직업상의 육체적 노동을 이야기하는 것이 아니다. 교통수단의 발달로 우리는 더 이상 오랜 시간을 걷지 않는다. 예전에는 학교에 가는 아이들도 기본 4~5킬로미터를 걸어가야 했다. 매일 밥을 짓기 위해서는 산에 가서 장작을 얻어 와야 했다. 농사를 짓는 동안 하루 종일 논밭 사이를 헤집고 다니며 걸었다. 자연스레 걸어야 했고 산을 올라야 했고 푸른 자연을 봐야만 살아갈 수 있었다.

불안한 사람들, 건강을 잃어버린 사람들에게 의사들이 추천하는 최고의 처방전이 걷기다. 마구마구 떠오르는 잡념들을 없애는 데 가장 좋은 방법이 걷기라는 것을 아는가? 걷기를 시작하고 한 시간이 넘어가기 시작하면 정말 아무 생각이 나지 않고 머리가 비워진다(멍해진다). 걷는 것이 힘든 탓도 있겠으나, 잡념이 사라지고 생각이 단순해지며 마음이 편안해지는 것은 걷기가 주는 유익이다.

셋째, 핵가족화도 우리의 불안에 한몫을 담당한다. 예전에는 대가족이 모여 살면서 서로 의지하고 격려하며 살았다. 하지만 요즘은 가족이 핵가족화되면서 중간자적 역할을 할 사람들이 모두 사라져버렸다.

예를 들면 이런 것이다. 난 중3 때 아버지가 너무 싫어서 가출을 했다. 집에 머무는 것이 불안 그 자체였다. 하지만 그때 가출은 오래가지 못했다. 할아버지께서 장손을 찾아 길을 나서셨기 때문이다. 내가 그 불안함에도 불구하고 다시 집으로 돌아갈 수 있었던 힘에는 할아버지의 존재가 있었다. 할아버지를 보면서 그 불안을 견딜 수 있었던 것 같다.

그리고 기본적으로 형제가 많았다. 지금은 나 혼자 아니면 겨우 한 명의 형제가 있는데, 형제가 동성(同性)이 아닐 경우에는 서로 간의 고민 상담도 쉽지 않다. 물론 동성일지라도 형제간의 우애가 돈독하지 않으면 그마저도 요원한 일이다. 그러니 불안을 중재해 줄 사람도, 불안을 털어놓을 사람도 마땅치 않고 불안감은 오로

지 혼자 짊어져야만 하는 자신만의 몫이다.

넷째, 엄청난 정보 매체의 발달이 우리의 불안을 가속화(加速化)한다. 많은 사람들이 코로나19로 인해 불안감을 호소한다. 왜냐하면 실시간으로 각종 매체들이 전 세계에서 만연하는 펜데믹(pandemic) 상황을 아침저녁으로 방송에서 친절하게(?) 협박조로 알려주었기 때문이다.

금융위기 때는 또 어떠했나! 온갖 매체(텔레비전, 신문, 잡지, 유튜브, 인터넷 기사들 등등)들이 일제히 주식시장의 폭락과 환율의 급등, 급매, 경매, 개인 파산, 업체 부도 등을 실시간으로 전했다. 심지어 전 세계 언론들도 이러한 움직임에 동참했다. 전 세계 경제가 실시간으로 동기화되고 서로의 정보를 주고받으며 반응한다.

미국 다우지수가 폭락하고 나면 그다음 날 한국 증시는 폐렴에 걸린다. 그 뉴스들을 들으면서 사람들은 불안해지기 시작한다.

'내가 다니는 회사가 망하면 어떡하지?' '내가 가진 주식이 폭락하겠네?' '내가 가진 대출은 이자가 폭등하나?'

정보의 홍수 속에서 우리의 감각들은 불안의 광풍에 휩싸여 침몰해가는 것이다.

극단적인 예를 들어볼까? 혹시 하한가로 내려가는 주식 매매창을 하루 종일 들여다본 적이 있는가? 실시간으로 체결 현황을 알려주며 하한가를 찍었다가 풀었다가 다시 찍는 모습을, 그래서 나의 계좌에 마이너스 표시 금액이 실시간으로 변해가는 모습을 하루 종일 지켜보고 있으면 없던 불안도 밀려든다.

정보 매체의 발달은 단지 경제와 뉴스에서만 우리를 불안하게 하는 것이 아니다. 대학에 가기 위해 수집하는 수많은 정보들은 수험생들을 또 다른 불안으로 몰아넣는다. 너무 많은 대학 전형과 너무 많은 자격증 취득 정보, 너무 많은 취업 정보들을 보면서 불안을 느껴본 적은 없는가? 그 많은 자격증 중 내가 가진 자격증이 하나도 없다는 사실에서 오는, 알 수 없는 초조함 말이다.

다섯째, 엄청난 빈부격차와 그 정보(情報)의 전달(傳達)이다. 예전에는 모두가 다 못살았다. 우리 집은 끼니가 없어 굶어야 했고, 개똥이네도 저녁이 없어서 굶었는데 굶는 사실이 미안해서 굴뚝 연기만 모락모락 피웠다는 이야기를 나의 조부모로부터 들었다.

배는 고프지만 슬프지는 않았다. 내일 당장 먹을 게 없지만 나 혼자 당하는 일이 아니니, 사는 게 그러려니 하고 물 한잔 들이켜고 잠을 청할 수 있었다.

하지만 지금은, 나는 못사는 반면에 너무나 잘 사는 사람들이 내 눈에 너무 많이 보인다. 그 간극이 주는 상대적인 박탈감과 비교의식은 상상을 초월하고, 때로는 우리를 끊임없는 열등감과 불안 속으로 밀어넣는다.

일례로 난 지금 내 집도 없이 전세로 3억 원도 안 되는 집에 사는데(그것마저도 빚이 30%가 넘는다) 내가 아는 어떤 지인은 본인의 집이 있으면서도 더 좋은 동네에 살고 싶어서 수십억 원짜리 전셋집을 얻어 이사를 한다. 그리고 그러한 정보는 너무나 쉽게 우리에게 전달된다.

　내 삶은 그렇게 '스스로의 의지와는 상관없이' 수많은 불안에 노출되고 마는 것이다.

　우리가 불안을 느끼게 되는, 우리를 불안으로 몰아가는 삶의 요인들이 단지 이 다섯 개뿐이겠는가? 그 모든 요인들을 다 기술하기에는 하루가 짧을 것이다.

　나 스스로 마음을 다스리지 않으면 살기 힘든 세상에서 우리 각자는 고군분투 중이다. 우리가 먼저 우리 스스로를 위로하고 격려해야 하는 이유다.

　그래서 성경은 이런 말을 한다.

　"무릇 지킬 만한 것보다 더욱 네 마음을 지키라 생명의 근원이 이에서 남이라(잠언 4장 21절)"

　그렇다면 우리는 우리의 불안을 어떻게 다루어야 하는가?

Episode 1

　　나이 사십이 넘어서 불안으로 삶이 송두리째 흔들리는 경험을 하면서, 나는 내 삶에 언제부터 불안이 들어왔는지 삶을 되돌아보는 시간을 가지게 되었다. 나라는 존재가 세상에 태어나 삶을 살아가면서 이토록 질긴 불안이라는 질병을 안고 살게 된 이유가 무엇인지 궁금했다. 나는 내가 기억하지 못하는 과거 그 어느 순간, 심지어 태어나기도 전 엄마의 자궁 속에서부터 내 삶의 환경을 조망하는 작업을 해보았다.

　　언젠가 들은 기억이 있기 때문이다. 자세한 전후 사정은 잘 모르지만 나의 유년 시절은 결코 건강하지 않았다. 아주 어린 시절의 기억이지만 병원을 전전했던 것 같고, 잦은 설사와 구토가 있었던 것을 어렴풋이 기억한다. 유년 시절 내가 건강하지 못했던 것은 갑자기 영양실조가 왔던 것으로 이해하고 있었지만 왜 영양실조에 걸렸는지 도무지 이해할 수가 없었다. 내가 기억하는 어린 시절 우리 집은 시골 촌동네치고는 꽤나 부잣집에 속했기 때문이다.

　정확히 2023년 7월의 어느 날 나는 노모로부터 그 시절 이야기를 듣게 되었다. 나의 노모는 외할아버지의 지독한 남녀차별 속에서 자랐고, 얼굴 한번 제대로 본 적 없는 남편에게 중매를 통해 시집을 왔다. 아버지는 그런 엄마가 맘에 들지 않았다고 한다. 아버지는 젊은 시절부터 동네에서 한량으로 통했는데, 산청군 생비량면 새터마을에서는 유명했고 제법 따르는 처자들도 많았으며 그 시절 개울가에서 기타를 치며 노래를 부를 수 있을 정도로 나름의 낭만과 운치를 가진 청년이었단다.

　나의 할아버지는 정말 엄한 분이셨는데 자식들을 얼마나 엄하게 키우셨는지 고모들은 농사짓는 일을 돕다가 화장실에 가고 싶어도 아버지가 무서워 오줌 마렵다는 이야기를 차마 꺼내지 못해, 커서 방광염을 앓게 되었을 정도였다고 하니 이에 무슨 말이 더 필요할까. 그러니 아버지도 한마디 반대도 못하고 할아버지의 중매에 따라 장가를 들었지만 결혼식이 치러지는 마당 한가운데에서 연지곤지를 찍고 예식용 탁자 위에 수줍게 서 있는 엄마의 얼굴을 본 순간부터 본능이 알려주는 운명을 느꼈다고 아버지는 회고하곤 하셨다.

　'저 여자는 절대 나랑 맞지 않아.'

　아버지도 할아버지의 고집과 엄격함을 고스란히 이어받았는지 아버지는 결혼식을 치른 그날 밤 집을 나가 친구들과 술을 마시고 집으로 돌아오지 않았다고 한다. 엄마는 쪽두리도 벗지 못한 채 우두커니 앉아서 초야(初夜)를 보내야만 했다.

    그 이후 두 분의 결혼 생활이 결코 행복하지 못했을 것은 불 보듯 명확했다. 아버지는 매일매일 소주 됫병을 양손에 들고 다니며 술을 마셔댔고 농사일은 뒷전이었다. 술에 취해 집에 들어와서는 술의 힘을 빌어 자신의 가슴 깊이 멍울진 온갖 억울함과 분노를 쏟아냈고 하루가 멀다 하고 살림살이들은 깨져 나갔다. 시간이 지나면 나아지려니 했으나 아버지의 불만과 분노는 날이 갈수록 더해졌고 급기야는 엄마를 향한 구타로 이어지기도 했다.

    그래도 부부이기는 했는지 누나가 처음 태어났다. 하지만 할아버지조차도 이 결혼이 계속될 수 있을 것인지 확신하지 못해서 누나를 호적에 올리는 일을 미루고 또 미루는 사이에 내가 태어났다.

    엄마는 이제 아들이 태어났으니 조금은 달라질 것이라고 안도했다지만 아버지는 하나도 변한 것이 없었다고 한다. 문제는 뱃속에 나를 배고 있는 10개월 동안 아버지와의 끝없는 불화, 끊이지 않는 다툼과 폭행으로 저녁이 오는 것이 두려울 지경이었다고 한다. 걸핏하면 저녁을 먹지 못하셨고 이웃집 법평댁네로 피신하여 몸을 숨기는 일이 자신을 지킬 수 있는 유일한 수단이었다고 한다.

    내가 태어났을 때 할아버지는 나의 큰 두상을 보시고는 큰 인물이 될 상인데 팔다리가 이렇게 가늘고 힘이 없고 작아서 사람 모양을 갖추고 자라게 될 것인지를 걱정하셨다고 한다.

    그러던 어느 날 기어코 사고가 터지고 말았다. 잔뜩 술에 취한 아버지가 들어와서 여느 날처럼 집기를 때려 부수다가 갓 태어난 나를 걱정하던 엄마의 말 한마디에 아직 채 걷지도 못하는 나를 냅다 안고 마당보다 조금 높은 추땀(경상도 사투리로 마루와 마당 사이에 중간지대를 만들어둔 곳을 말한다)에 내려서서 아기를 내려놓고 발로 나를 짓밟았다는 것이다. 엄마의 칼날 같은 비명 소리에 할아버지가 달려오셔서 아버지를 밀쳐내시고는 나를 안고 피하셨다는 이야기를 전설처럼 전해 들었다.

그 뒤로 아이는 잦은 경기를 했고 젖조차 제대로 소화를 시키지 못해 자주 토했고 시름시름 앓았으며 해를 더할수록 병색은 깊어만 갔다. 급기야는 할아버지 할머니께서 나를 들쳐 업고 전국의 병원을 돌아다니며 장손자를 낫게 하기 위해 그분들의 인생을 모두 불태워야 했을 만큼 아이는 여위고 또 여위어갔다.

조부모의 정성이 하늘에 닿았는지 두세 살이 되던 어느 날 한 병원에서 간단한 주사와 침을 맞고 기적처럼 아이가 회복되었다. 할머니는 다 큰 장손을 보실 때마다 "다 죽어가던 우리 장손이 이리 잘 클 줄 누가 알았노"라시며 혀를 끌끌 차시곤 했다.

그랬다. 나는 이 세상에 태어나 축복을 받으면서 자라야 할 유년 시절 그 출발부터 이토록 깊은 불안을 안고 살았던 것이다. 할아버지의 기지가 아니었다면 아마 이 세상에 이름조차 알리지 못하고 저 어두운 암흑 속으로 흔적 없이 사라질 운명이었던 것이고, 정말 그랬다면 우리 집은 완전 풍비박산(風飛雹散)이 났을 것이다. 이 얼마나 불행하고 비극적인 유년 시절이었던가!

나의 불안은 얼마나 그 근원이 깊고도 어두운 것이었던가!

II

불안장애를 다루는 법 – 일반론

1.   불안장애의 시작, 상담은 유익한가

나 또한 불안장애를 2년 동안 겪으면서 지옥문 앞까지 갔다 온 경험자로서 현재 불안장애를 겪고 있는 다른 분들에게 조금이나마 도움이 될 만한 이야기들을 나누려고 한다.

· · ·
불안장애를 다룰 때 알아야 할 사실

불안장애를 다룰 때 알아야 할 사실이 몇 가지 있는데 그건 불안장애가 어느 날 갑자기 생긴 것이 아니라는 점이다. 이것은 순수하게 나의 경험에서 나온 것이므로 다소 주관적일 수 있다.

그러나 앞에서 이미 이야기했듯이 우리의 몸은 불안을 느끼는 상황을 꽤나 오랫동안 버텨왔을 것이다. 그리고 우리의 몸은 한두 번의 불안함에 그렇게 쉽게 무너지도록 만들어지지는 않았다(물론 극도의 불안과 트라우마를 겪을 만한 큰일을 겪었을 경우에는 몸의 면역기능이 한 방에 무너지기도 한다).

나의 경우를 되돌아보면, 나의 불안은 초등학교 고학년 때부터 조금씩 시작되었던 것 같다. 지금 내 나이가 반백 년을 향해 달려가고 있으니 족히 30년은 되었다는 것이다.

잔잔한 불안 요소들이 항상 내 주위를 맴돌고 있었지만 그때만 해도 불안이라는 감정을 아주 얕게만 느껴왔었고, 때로는 그것을 긴장감으로만 인식하고 살았던 측면도 있다. 그래서 중학생이 되고 나서는 신경성 대장염이라는 증세가 나타나기 시작했고 이 병증은 때로는 너무나 심각하게, 때로는 있는 듯 없는 듯 내 곁을 서성이며 왔다 갔다 했다.

심각한 불안장애를 앓고 십여 차례의 상담을 받으면서 나 스스로 알게 된 나의 불안의 역사는 유구하고 무겁고 침울했다. 그 자세한 이야기들은 이 책의 큰 장(章)이 끝날 때마다 하나씩 하나씩 풀어놓았으니 그 이야기들을 읽으면 내가 말하고자 하는 바를 충분히 이해하게 될 것이다.

자신의 불안함이 언제부터 어떤 이유로 시작되었는지 돌아보는 일은 대단히 중요하다. 그리고 그런 자신을 보듬어주는 일 또한 매우 중요하다. '그동안 살아오느라 참 고생이 많았구나.' 자신에게 팔짱을 끼듯 자신의 몸을 스스로 안아주면서 스스로를 격려해줄 필요가 있다.

실제로 과거의 자신을 돌아보고 스스로를 용납하고 안아주는 작업은 매우 중요하고 또 유익하다. 나의 경우 십여 차례 전문 심리상담을 진행하면서 상담 선생님으로부터 받은 질문과 그에 대한 나의 답변은 아직도 나의 뇌리에 선명한 순간으로 남아 있다.

'참 고생이 많으셨겠어요…. 중학생이던 그 어린 나이에, 대학생이라 해봤자 지금 보면 얼마나 어린 나이입니까. 지금 선생님께서 그때 그 중학생의 선생님에게 한마디 건네주고 싶은 말이 있다면 선생님은 뭐라고 말씀하시겠습니까.'

나는 그 질문을 듣고 10여 초가 채 지나지 않아 내 가슴 한가운데서 뜨거운 불덩이가 올라오는 것을 느끼며 중학생의 나에게 던지는 한마디를 단말마처럼 내뱉었다.

'설규야. 니 참 고생이 너무 많구나. 고생이 너무 많다…. 힘들제.'

그날 나는 주책없이 상담 선생님 앞에서 얼마나 깊은 통곡과 회한의 눈물을 흘렸는지 모른다.

불안장애를 다룰 때 하지 말아야 할 일: 상담

처음 불안감이 일어나기 시작할 즈음에는 상관이 없겠으나 '불안장애'라고 생각이 들 즈음에는 상담은 더 이상 아무런 효익이 없다. 그 이유는 앞에서도 설명했듯이, 불안장애에 이르렀을 즈음에는 이미 우리 몸의 호르몬 항상성이 모두 깨져버린 상태이기 때문에 상담만으로 절대 원래대로 돌이킬 수 없기 때문이다.

나의 경우, 신경정신과 외래를 다니기 시작하면서 빨리 낫고 싶은 마음에 상담을 한 적이 있다. 태생 자체가 급한 편이니 제 버릇 개 못 주는 격이다. 그러나 그건 내가 내 인생에서 멋모르고 저지른, 하마터면 돌이킬 수 없는 실수로 남을 뻔했다.

불안장애에 이르게 되면 우리의 신경 시스템이 극도의 불안한 상태, 언제 무너져도 조금도 이상하지 않은 연약한 상태에 이르렀음을 의미한다. 따라서 평상시라면 그 정도 상처나 슬픔, 아픔, 그리고 그것들에 대한 직면쯤은 견디고 극복하여 넘어갈 수 있는 것들(심지어 이미 극복하고 넘어왔던 것들까지)도 그러지 못하고 그 앞에서 무너져내릴 수 있다.

멋모르는(?) 상담사를 만나서 나의 삶을 이야기하고 그 상담사가 내 내면의 상처와 불안의 근원을 찾아 면담이라는 수단을 통해 마음속 상처를 헤집고 들어오는 순간, 그 상처와 슬픔, 아픔은 갑자기 증폭되고 내가 감당할 수 없는 쓰나미 그 자체가 되어 나를 삼켜버린 것이다.

난 어땠을까? 뻔히 알고 있었던 그 상처가, 그 아픔이 한순간 엄청난 슬픔으로 내게 덮쳐왔고 난 사지가 마비되면서 눈이 돌아가고 과호흡이 몰려오면서 앞이 캄캄해졌다. 손발이 강한 저림과 경련을 일으키기 시작했다.

만 볼트의 전기에 감전된 것처럼 온몸에 극심한 전율이 밀려왔다. 멋모르는 상담사는 나를 병원으로 데려가지도 않았다. 데려가는 순간 그 상담사의 상담 자격이 중지된다는 것을 한참이 지난 후에 알게 되었다. 그날 난 지옥문 앞까지 갔다 왔고, 호흡곤란 속에 죽음의 공포를 맛보아야 했다.

호흡곤란을 자가호흡요법으로 스스로 치료하고 빠져나오는데(정상적인 호흡을 하고 경련을 멈추는 데) 꼬박 4시간이 걸렸다. 상담사가 당황스러웠는지 옆방에서 상담하던 다른 선생님 두 분을 더 불렀고 세 상담사는 내 옆에서 꼬박 4시간 동안 나의 호흡을 정상으로 돌려놓기 위해 사력을 다했다. 정확히 기억은 안 나지만 숨이 쉬어지지 않는 호흡을 어느 정도 진정시키고 자리에서 일어나기까지 한 시간 가까이 걸렸고 두 사람의 부축을 받아 넓은 거실 공간으로 나와 걸음을 걷고 나서 3시간이 지나서야 상담원을 나설 수 있었다. 그렇게 많은 시간이 흘렀다는 것은 택시를 타고 집으로 돌아온 후 집에 걸린 벽시계를 보고서야 알게 되었다.

당신이 불안장애라면, 그래서 일상이 무너져 있고 24시간 불안한 상태라면, 잠을 잘 이룰 수 없을 지경이라면, 먹는 것조차 불안함이 막고 있다면 상담을 멈추라. 상담은 건강한 사람이 마음이 아플 때, 분노를 참을 수 없을 때 그럴 때 하는 것이다. 당신의 불안이 이미 장애라고 생각될 정도의 수준에 이르렀다면… 상담은 이미 늦었다.

그렇다면 우리는 불안장애를 어떻게 다루어야 하는가?

2.   장기전을 피하라

한참 불안장애에 시달릴 때는 나 역시 네이버 카페도 들어가보고 여기저기 기웃거리면서 많은 조언을 구하려 했다. 네이버 카페에 들어가보고 알게 된 사실이 있는데, 생각보다 많은 사람들이 오랫동안 불안장애를 앓고 있으면서도 빨리 치유되지 않아 힘들어한다는 것이다. 심지어 재발되어 고생하는 사람들도 많았다.

그중 눈여겨볼 만한 점은, 그저 약을 먹으면서도 증세에 시달리고 있고 제대로 낫지도 않고 있으면서 고생은 고생대로 하고 있다는 것이다. 나는 경험상 차라리 그들에게 입원을 권하고 싶다. 만약 약을 먹고 있는데도 증세가 호전되지 않은 채 일상생활 자체가 너무 힘이 들거나 재발을 거듭하고 있는 사람은 특히 그렇다.

그 이유들은 다음과 같다.

첫째, 약을 오랫동안(적어도 1년 이상) 먹으면서도 여전히 불안장애가 잡히지 않는다면 이는 여러 가지 부작용을 초래하게 될 것이기 때문이다. 신경정신과 약이 아무리 좋아졌다고는 하지만 그 본질상 신경 계통, 호르몬 계통을 다루는 약이므로 장기적으로 복용하게 될 경우 우리의 몸이 망가진다는 사실을 기억해야 한다. 우리가 인지하지 못하는 사이 조금씩 부작용들이 나타나고 있을 수 있다.

물론 이 부분에 대한 신경정신과 의사들의 이야기는 확연히 다르다. 평생 약을 먹으면서 조절하고 있지만 부작용 없이 잘 살고 있다고 이야기하는 의사들도 있을 것이다. 하지만 나의 경험으로는 분명히 기면증에 가까운 졸림 현상과 온몸의 힘이 빠져 나른함이 병적인 수준에 이르는 경험도 가지고 있다.

지금이라도 '알프람정(대표적인 불안장애 처방약) 부작용'을 검색해 보라. '과민성, 집중 곤란, 운동협조장애, 근골격 약화, 성욕 변화, 월경불순, 요실금, 발작, 환각, 황달, 과다수면' 등 이루 말할 수 없을 정도의 온갖 부작용들이 열거되어 있다.

혹시 지금 당신이 불안이나 우울로 인해 약을 먹고 있다면 약을 복용하고 난 후 졸림 현상은 없는가? 장기간, 적어도 6개월 이상 약을 복용하는 동안 조금씩 손가락이 뻣뻣해지거나 손마디가 저리는 느낌이 있지는 않은가?

관절이나 무릎이 아프지는 않은가? 미르탁스정을 오랫동안 먹고 있다면 혹시 식욕을 다스리기 어렵지는 않은가? 그래서 살이 찌고 있지는 않은가?

그리고 가장 중요한 사실, 우리 몸에서는 조금씩 그 약에 대한 내성이 생길 수 있다는 중요한 사실을 결코 간과해서는 안 된다. 행여라도 내성이 생기게 되면 치료는 더욱 힘들어지게 되고 쓸 수 있는 약의 종류가 줄어들게 되거나 기존 약의 용량을 증대해야 한다. 이는 신경정신학적으로 약에 대한 의존성이 커질 위험이 있다고 표현되기도 한다.

다만 약을 복용하면서 약의 부작용에 너무 집착하는 것은 바람직하지 않다. 분명 우리가 복용하는 약은 우리의 불안을 잡아줄 것이기 때문이고 약 말고는 달리 방법이 없을 수도 있기 때문이다. 우리는 태양이 없으면 살 수 없지만 태양을 맨눈으로 쳐다볼 수 없고, 햇볕이 만물을 자라게 하고 결실하게도 하지만 정작 햇볕 아래에 너무 오래 있으면 수분 부족이나 열사병 등으로 쓰러질 수도 있는 이치와 닮았다고나 할까.

둘째, 현재 약을 먹고 있는데도 쉽사리 불안장애가 잡히지 않는다면 그건 그 약이 당신에게 맞지 않거나 아니면 그 약은 맞으나 먹고 있는 용량이 당신과 맞지 않는 것이다. 그렇다면 즉시 약을 바꾸거나 병원을 바꿔 하루라도 빨리 불안 증세를 잡는 것이 중요하다. 장기적으로 계속 불안 증세를 가진 채 생활하는 것은 전반적인 생활의 질과 만족도를 떨어뜨릴 뿐 아니라 우울증으로 전이될 수도 있기 때문에 위험하다.

나 같은 경우에는 미르탁스정과 알프람정, 렉사프로 등을 처방받아 복용했다. 정말 증세가 심했을 때는 먹는 약의 종류가 8종류나 되었다. 얼마의 용량을 먹었느냐는 중요하지 않다. 중요한 것은 그 약이 나랑 맞느냐, 맞으면 얼만큼의 용량으로 먹느냐가 중요한 것이다. 자신의 불안 증세에 맞는 약을 찾고, 증세의 경중에 따라 용량을 조절하는 일을 아무에게나 맡길 수는 없다. 반드시 대형병원에 가서 전문의의 도움을 구하는 것이 중요하다. 그리고 그러한 일은 외래를 다니면서는 쉽지 않다. 적어도 나의 경험으로는….

나 역시 불안장애와 관련하여 많은 상담과 임상을 경험한 목사님을 통해 유명한 대학병원 교수를 찾아갔으나 역시 외래를 통해서 증세를 잡기는 쉽지 않았다. 외래는 어쨌든 2주 혹은 3주 만에 한 번씩 가는 것이고, 그동안 나는 밖에서 생활하면서 전혀 다른 일상을 맞닥뜨리며 스트레스 혹은 불안 등에 지속적으로 노출이 되고 있는 것이 원인이라 추정된다.

2019년 8월 중순경 불안장애가 재발하여 다시 외래를 다니기 시작했고 불안 증세가 심해져서 2020년 1월 말 결국 휴직을 했다.

2020년 4월 말까지 3개월 동안 집에서 쉬어도 불안 증세는 전혀 나아지지 않았다. 몸무게는 계속 줄고 줄어 결국 10킬로그램이 줄어들게 된다. 8개월 동안 나의 불안장애는 조금씩 조금씩 심해져 갔다. 휴직을 하고 집에 있으면서 두문불출했지만 조금도 나아지지 않았다. 난 휴직을 3개월 연장했다. 증세는 더욱 심해져 집에서의 가료(加療)가 더 이상 불가능하게 되고 나서야, 극심한 이명 증세와 악몽과 마치 환청인 듯 들려오는 또 다른 목소리(?)가 두려워지고 나서야 입원을 결정했다.

3.   꼭 병원을 가야 하나

불안장애를 겪는 많은 사람들은 대부분 외래만 다니고 집에서 불안장애와 홀로 싸우는 경우가 많다. 남자들의 경우는 생업을 포기할 수 없으니 자영업을 하거나 직장을 다니면서 약을 복용할 것이다.

앞서 말했듯, ① 장기적으로(적어도 6개월 이상) 약을 복용하고 있지만 불안이 완전히 잡히지 않는 경우 ② 시간이 갈수록 불안장애 증세가 심해지는 경우 ③ 불안장애가 더 심해져 신체화 증상이 뚜렷해지는 경우 ④ 몸무게가 빠지기 시작하는 경우에는 난 개인적으로 입원을 권한다.

불안장애가 길어져 약을 길게 복용하게 되면 우리 몸은 각종 부작용에 시달리게 될 것이며, 시간이 지날수록 그 약에 대해서도 내성을 가지게 될 것이다. 대부분의 사람들은 '불안한 거 가지고 병원 입원은 좀…'이라는 생각을 가지고 있다. 사실 나조차도 처음에는 병원 입원은 고려 대상에도 없었다는 사실을 고백한다. 그만큼 일반인들에게 병원, 그것도 정신병원은 가깝고도 먼 곳이다.

그리고 내가 제일 받아들이고 싶지 않은 말이 있는데 일부 상담 카페나 불안, 공황장애를 겪는 사람들의 카페에 들어가보면 '불안과 동행하는 삶' 뭐 이런 말도 안 되는 이야기를 위로인 양, 해결책인 양 이야기하는 사람들이 간혹 있다. 아마도 오랜 기간 동안 불안 증세가 잘 잡히지 않고, 또 겨우 잡았다가도 다시 재발하는 경우도 많기 때문에 어느 정도 자포자기하는 마음이 반영된 것일 수도 있다.

하지만 나을 수 있다고 생각하라. 언제까지 지금의 환자 생활을 계속할 것인가! 불안을 느끼고 불안으로 인해 심장이 빨리 뛰고 쉽사리 잠들지 못하고 갑자기 죽을 것 같은 불안감을 견디지 못해 응급실로 뛰어가고… 막상 뛰어가면 언제 그랬냐는 듯이 사라져버리는… 온몸이 아픈 듯이 힘이 들어 정밀 검진을 하지만 돌아오는 답변은 '몸에는 아무런 이상이 없습니다'라는 황망한 답변뿐인 삶. 그런… 삶 같지 않은 삶을 언제까지 계속할 셈인가.

나도 그랬지만 병원 입원을 결심하기 쉽지 않다는 것을 안다. 세월이 많이 변했지만 아직도 불안장애로 입원하게 될 병원은 소위 '(신경)정신병동'이기 때문이다. 혹시라도 입원 내역이 사회생활에 지장을 줄 수도 있다는 생각을 할 수도 있다. 하지만 '신경정신병동'에서 본인의 동의 없이는 그 어디에도 해당 정보가 제공되지 않는다.

단, 병원에 입원하게 될 경우에는 두 가지를 유념할 필요가 있다.

첫째는, 그곳은 엄연히 '신경정신병동'이다. 따라서 말 그대로 정신질환을 앓고 있는 환자(바뀐 의학용어로는 '조현병')들도 입원해 있다. 그들과 같은 방은 아니지만 같은 병동에서 생활해야 한다는 점이다. 겉으로 보기에는 보통 사람들과 다를 바가 없어서 왜 굳이 입원을 했을까 싶지만, 말하는 걸 자세히 들어보면 완전 다른 세상에서 살고 있는 사람들도 간혹 있다.

또, 그곳에는 말기 치매 환자들도 간혹 들어온다. 말기 치매 환자들은 사람을 제대로 알아보지 못하고 정상적인 대화가 되지 않으며, 밤에는 가끔 환상을 본다. 그리고 우리처럼 그냥 불안함을 건디지 못해서 들어오는 사람들도 있다. 당연히 우울증을 겪는 사람들도 들어온다.

그래서 병원에 입원을 해야겠다는 생각을 한다면 마음을 조금은 다져 먹을 필요가 있다. 사실 나는 입원 당시 워낙 불안했으므로 주변에 있는 사람들이 어떤 종류의 사람들이었는지는 그 당시에는 전혀 인지하지 못했다. 다만 퇴원 후 오랜 세월이 지나고 불안을 다 잡고 보니 그때 내가 그들 속에서 어떻게 하루를 보낼 수 있었을까 하는 때늦은 반추(反芻)를 할 뿐이다.

둘째는, '신경정신병동'은 각종 통원입원 실비보험의 정산 대상이 아니므로 비용이 발생한다는 점이다. 최근 보험법이 개정이 되어 2~3년 내에 보험을 새로 가입했다면 이야기가 달라지지만 만약 그보다 오래전부터 통원입원 실비보험을 들었다면 대부분의 약관에는 이런 내용이 담겨 있다.

제4조(보험금을 지급하지 아니하는 경우)
① 이 특약의 보험금을 지급하지 아니하는 사유는 보통약관 제18조(보험금을 지급하지 아니하는 사유) 제1항을 따릅니다.
② 제1항 이외에도 회사는 다음 중 어느 한 가지의 경우에 의하여 보험금 지급사유가 발생한 때에는 보험금을 지급하지 아니합니다.
  1. 피보험자(보험대상자)의 알코올 중독, 습관성 약품 또는 환각제의 복용 및 사용
  2. 피보험자(보험대상자)의 선천적 기형, 선천적 질환, 정신질환 및 이에 근거한 병상

약관에 구체적으로 '정신질환 및 이에 근거한 병상'이라고 적혀 있거나, 다른 곳에는 '심신 미약'이라는 애매한 표현들이 들어 있다(알코올 중독도 실비가 안 된다).

그럼에도 불구하고 입원하면 이런 점들이 이롭다.

첫째, 24시간 의료진이 항상 내 옆에 있으니 든든한 마음이 든다. 의료진이 입고 있는 흰색 가운, 흰색 벽으로 둘러싸인 병실이

평범한 직장인의 평범하지 않은 불안 다루기

주는 병원 특유의 편안함과 안정감이 있다.

둘째, 하루 이틀 병세에 따라 그때그때 약을 조절할 수 있다. 실시간으로 대응이 가능한 것이다. 이는 2~3주에 외래를 가서 또 자신의 병증을 설명하고, 또 약 조절하고, 또 2주를 지켜보는 것보다는 훨씬 빠르게 대응이 가능하다.

셋째, 음악치료나 미술치료 등 주중에 이런저런 치료 시간들이 있어서 이래저래 나를 돌아볼 수 있는 시간들이 많다. 당연히 주치의도 매일 보고 레지던트들과의 면담도 자주 있다. 일요일에는 예배도 드릴 수 있다. 대신 생각보다 자주 설문지에 답변을 해야 하는 번거로움은 감수해야 한다.

넷째, 휴대폰도 가지고 들어갈 수 없고 면회도 직계가족에 한해 일주일에 한 번, 한 시간씩만 가능하다. 따라서 세상으로부터, 우리에게 스트레스를 주는 모든 환경으로부터 100% 차단된다. 이것 또한 생각보다 효과가 있다.

다섯째, 주말에는 노래방 타임이 있다. 실컷 노래를 부를 수 있다. 치매 환자나 조현병 환자가 어찌 노래를 하겠는가. 마이크는 100% 불안장애만 가지고 있는 우리 차지다!

이 사진 속 병원은 예전에 말도 많았고 뉴스도 많았던 곳이다. 나와는 인연이 깊은 곳이다. 아들이 태어난 곳이기도 하고, 아들도 딸도 여기서 수술했고, 아들은 아직도 이 병원에 정기적으로 드나들고 있다.

세상에 정답은 없다. 끊임없이 내 머릿속에 맴도는 질문… 그렇다면 우리는 우리의 불안을 어떻게 다루어야 할까…

평범한 직장인의 평범하지 않은 불안 다루기

4.   나만의 화타를 만나라

불안이라는 단어에 장애라는 말을 붙이는 순간 우리는 불안장애를 우리 스스로의 힘으로 벗어날 수 없는 지경에 이르렀음을 알아야 한다. 따라서 불안장애를 겪는 사람들이 집에서 혼자 불안을 견디며 투병 아닌 투병을 하는 것은 바람직하지 않다. 또한 신경정신과에 대한 막연한 거부감으로 인해 내과나 일반가정의학과 같은 곳에 가서 약을 지어 먹는 것은 오히려 병증을 악화시키고 자칫 약의 부작용으로 인해 몸을 망가뜨리는 결과를 초래하게 될 것이다.

그러니 제발 3차 병원 신경정신과를 찾아가기를 바란다. 나의 오랜 투병 경험에 따르면 병원을 잘 선택하는 것도 중요하지만 무엇보다 중요한 것은 어떤 의사를 만나느냐다.

직장 생활을 하면서 3차 병원까지 2주에 한 번씩 외래를 다니는 일은 나에게 쉽지 않은 일이었다. 그래서 신경정신과는 다 같은 신경정신과가 아니겠냐는 안일한 마음에 회사 앞에 있는 조그마한 정신과에 간 일이 있다. 그곳에는 나이가 아주 지긋한(겉으로 보기에 적어도 60세가 넘은) 원장이 있었는데 본인은 스스로를 한국의 사협회 정신과 부문의 선구자라고, 다른 의사들은 까마득한 후배 중의 후배라고 자랑을 늘어놓는 지경이었다.

정작 환자는 불안이 잡히지 않고 처방받은 약을 일주일 동안 복용해도 전혀 나아지지 않아서, 하루하루가 너무 힘이 들어 다시 찾아갔는데 대뜸 호통을 친다.

"이 정도도 버티지 못하면 어떡합니까. 인생이 그리 만만하던가요? 참으세요. 함부로 증약할 수 없어요. 그냥 돌아가세요."

난 너무 어이가 없었다. 그냥 돌아가라니…. 물론 의사 입장에서는 여러 가지가 염려되었을 수 있다. 지금 처방받아 복용 중인 항불안제의 용량이 이미 충분함에도 불구하고 환자가 약의 효력이 나타날 때까지 인내력을 가지고 기다리지 못해 의사로서 타박하고 있는 것일 수도 있다. 또, 섣불리 복용량을 늘리게 되면 쉽게 줄이지 못할 거라는 생각을 했을 수도 있다.

그날 오후 내내 나는 휘몰아치는 불안을 부여잡고 어쩔 줄 몰라 하며 절치부심해야 했다.

'다시는 내가 저기에 가나 봐라….'

나는 이를 갈고 또 갈았다. 그리고 다시 나는 회사에서 한 시간이나 걸리는 3차 병원으로 옮겼다.

다른 병도 마찬가지겠지만 특히 불안장애의 경우 환자와 의사와의 관계는 매우 중요하다. 환자는 의사를 온전히 믿고 그 사람이 나를 지금의 불안에서 구해줄 명의(중국의 화타 같은)라는 것을 의심해서는 안 된다. 이러한 온전한 신뢰관계가 단지 불안장애에만 해당되지는 않을 것이다. 공황장애를 비롯한 모든 질병, 정신과적인 병증 외에 일반적인 병들도 마찬가지다. 어떤 약을 복용하느냐만큼 중요한 것이 바로 어떤 의사를 만나느냐, 그 사람을 얼마나 신뢰하느냐에 달린 것 같다.

사실 의사 입장에서는 환자 한 명 한 명을 신중하게 대하기는 쉽지 않다. 환자는 그 의사를 처음 보는 거지만 그 의사는 나 같은 환자를 하루에도 수십, 수백 명을 만나니 나를 기억하기도, 나에게 많은 시간을 할애하기도, 길게 상담을 하기도 쉽지 않다.

심지어 3차 병원에서 어떤 의사를 만나게 되는지도 중요하다. 내가 만난 한 의사는 불안도 잡히지 않고, 불안으로 인해 새벽에도 일찍 잠이 깨어서 너무 힘들다고 했더니 돌아오는 답변이 이랬다.

"잠 좀 덜 잔다고 사람이 어찌 되지 않습니다. 그럼 좀 더 재워드릴까요? 수면제 성분을 좀 더 올려드리면 편하시겠어요?"라고 되려 환자에게 물었다. 의사와의 신뢰가 깨진 탓일까, 아니면 나의 증세가 너무 심한 탓이었을까. 수면제 성분이 더 강하게 들어간 약을 처방받았지만 나는 여전히 같은 시간에 불안 증세로 아픈 가슴을 두드리며 새벽 어둠을 맞아야 하는 날이 많았다.

이렇듯, 불안장애를 겪는 사람들에게 의사는 매우 중요한 존재다. 그러므로 여기 나의 조언은 이렇다.

첫째, 될 수 있으면 큰 병원(2차보다는 3차 병원)을 가라.

둘째, 전문의는 좋으나 나이가 너무 많은 의사는 피하라. 너무 많은 경험을 가진 의사는 타성 및 선입견에 잡힌 채 진료를 보는 경우가 많더라.

셋째, 전문의 중 젊은 사람을 택할 수 있으면 좋다. 아직까지는 환자에 대한 열의가 남아 있어 나의 진료에 조금이라도 더 심혈을 기울인다.

넷째, 의사의 처방을 믿으라. 특히 단약을 할 경우에는 더욱 의사의 지시에 따르라. 본인이 느끼는 증상에 따라 임의로 단약하면 절대 안 된다.

그리고 3차 병원 같은 큰 병원에서는 한 과(科)마다 여러 전문의들이 있는데, 그들 사이에는 불문율(不問律)이 있다는 것을 기억하면 좋겠다. 그들은 웬만해서는 같은 병원 내 다른 전문의가 맡은 환자를 어떤 이유로든 자신이 다시 맡는 것을 원하지 않는다.

그러니 처음부터 의사의 선정이 중요하다. 3차 병원은 홈페이지에 모든 교수진들의 사진과 프로필이 올라와 있으니 참조하면 좋을 것이다.

모두들 신뢰할 만한, 마음이 가는, 마음 따뜻한 '화타'를 만나 불안장애에서 잘 헤어나오기를 기원한다.

5.   불안과 강박의 연쇄반응을 자르라

불안장애를 가지게 된 사람들은 아주 오랜 세월 동안 자신도 모르는 사이에 불안과 스트레스와 위협의 환경 속에서 살아왔음에 틀림없다. 그렇게 자신 안에 불안이라는 것이 또아리를 틀었다는 것은 부지불식간에 불안과 강박의 연쇄반응 고리가 자신 안에 형성되어 있을 가능성이 농후하다(이 부분은 순수하게 나의 경험에 바탕을 둔 결론임을 밝힌다. 난 정신분석학자도, 의사도 아니고 그저 평범한 샐러리맨이니까). 그 불안과 강박의 연쇄반응은 어느 날 갑자기 한 방에 훅 형성되어 나를 괴롭히기도 하고, 서서히 그 강도를 더해오다가 어느 순간 봇물처럼 터져 나타나기도 한다.

앞의 「Ⅰ-3. 너무 쉽게 무너지는 마음, 강박장애에 빠지다」를 보면 불안과 강박이 어떻게 한 방에 한 몸을 이루어 우리를 괴롭히게 되었는지에 대한 아주 좋은 예를 볼 수 있다. 그렇다면 서서히 반복되는 스트레스 상황에서 비롯되는 불안과 강박은 어떻게 우리를 괴롭히게 되는가.

나의 경우를 예로 들어보자. 나 같은 경우는 중학교 2~3학년 때부터 조금씩 신경성 대장염 증세가 시작되었다. 이것이 어떨 때는 너무나 힘들게 나를 괴롭혔고 어떨 때는 그런 증세가 있기나 했나 싶을 정도로 멀쩡하기도 했다. 그러나 두세 번씩 부정적인 경험들이 계속 축적되면서 내 안에도 특정 상황에 대한 불안이 쌓이기 시작했고(특정한 불안이 계속 반복되면 이제는 비슷한 상황에서 불안해질까 봐 불안해지는 예기불안이 발생하기도 한다) 때로는 강박이라는 생각이 들 정도로 '강박사고의 반응 고리'가 모습을 드러내기도 했다.

불안과 강박의 연쇄반응 고리는 이렇게 형성된다.

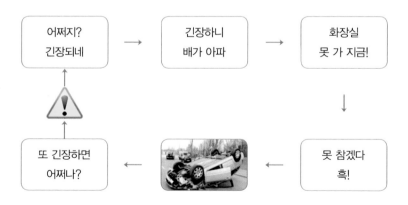

이런저런 생각들이 많아지면 걱정이 시작되고 심해진 걱정들은 급기야 신체화 증상(복통, 두통 등)을 만들고, 신체화 증상은 아주 곤란한 상황을 만나 증폭되고, 결국 '사고(?)'가 일어날 가능성을 높인다. 한두 번의 사고는 '또 다른 걱정과 강박'을 낳기에 이른다. 강화된 강박은 또 생각과 걱정을 낳는다. 이렇게 계속 돌면서 부정적인 사고는 강화에 강화를 거듭하게 된다.

어쩌다 한번 긴장한 적이 있고, 긴장해서 배가 아팠다. 그런데 화장실을 갈 상황이 아니다. 지하철이거나 내부순환고속도로에서 차가 막힌 상태거나, 고속버스를 타고 있어서 내릴 수가 없거나, 곧 사장님을 상대로 한 자신의 발표 시간이거나 등등 당장 화장실에 갈 수 없는 상황은 수없이 많다.

그런데 불행하게도 배가 아픈 상황을 결국 더 이상 견딜 수 없게 되고 행여 '사고'라도 나게 되면, 머릿속에는 지울 수 없는 '트라우마(trauma)'라는 놈이 또아리를 틀게 된다.

그리고 우리는 생각한다. 그런 상황에서 또 긴장하면 어쩌지? 살다 보면 그런 순간이 다시 안 올 수는 없다. 긴장이 다시 시작되면 다시 배가 아플 텐데 어쩌지?

배가 아프기 시작하면 강박적인 사고가 가동하기 시작한다. 심지어 생각하기도 전에 몸이 먼저 반응을 시작할 수도 있다. 나 같은 경우 한참 불안과 강박이 심했을 때는 골프 티업 전 40분 동안 화장실을 10번 가까이 들락거린 적도 있다. 고객과의 접대에서 티업이 시작되면 화장실을 갈 수 없으니까 미리미리 갔다 와야 한다. 결국 라운딩을 시작하기 전에 이미 다리 힘은 다 빠져버린다. 그러고 나면 괜히 우울해지고 자괴감이 밀려온다.

긴장과 강박은 그것이 나의 생각인지 아닌지를 구분하기 모호하다. 불안한 생각이 먼저인지, 불안으로 인해 아랫배가 아파오는 몸의 반응이 먼저인지 그 선후관계마저 모호할 때도 많다. 정말 아무렇지도 않게 지하철 급행을 타고 가다가 "이 열차는 급행열차이므로 앞으로 세 정거장은 무정차합니다. 다음 역에서 내리실 분은 참고하시기 바랍니다"라는 안내 방송을 듣고 지하철이 스르르 출발을 시작하면 갑자기 배가 아파오는 웃지 못할 현실을 맞닥뜨리기도 한다.

어떠한 상황을 뇌가 인식하자마자 몸이 먼저 반응하는 것이다. 사실 지하철에 5분 이상 타고 있다 한들 세상이 무너질 일도, 나의 호흡이 멈출 일도 일어나지 않는데도 말이다. '앞으로 5분간 화장실은 못 가겠네? 어쩌지?' 하는 강박사고가 춤을 추기 시작하는 것이다.

불안과 강박의 연쇄반응 고리는 도미노와 같다. 처음 하나의 사건이 터져 이에 따른 영향이 발생하면 그다음 영향을 받은 사건은 또 다른 반응을 불러오게 된다. 이렇게 불안으로 시작된 어떤 한 사건이 강박을 만들어내고 강박은 다시 또 다른 불안 또는 예기불안을 낳는다.

그렇다면 우리는 이 연쇄반응의 고리를 어떻게 잘라내야 하는 것일까? 나의 경험에 따르면, 이러한 '불안과 강박의 연쇄반응 고리'를 자르려면 4가지 정도 방법이 있을 것 같다.

첫째, 긴장했을 때도 배가 아프지 않으면 되는 것이다. 긴장했을 때 배가 아픈 건 신경성 대장염이 있다는 것인데, 신경성 대장염을 치료하면 되는 것이다. 물론 이 일이 말처럼 쉬운 일은 아니다. 하지만 신경성 대장염을 고치는 일을 포기하게 되면 강박의 악순환을 벗어날 수 없게 된다. 긴장했을 때도 배가 아프지 않더라는 긍정의 경험이 몇 번 쌓이게 되면 비로소 강박 순환 고리를 끊게 될 것이다. 내가 아는 한 지인은 골프 라운딩을 갈 때마다 배가 아픈 적이 있다. 이로 인해 한 번 고역을 치른 이후에는 골프장에 갈 때마다 지사제 다섯 병 정도를 항상 휴대하고 다닌다고 한다. 실제로 배가 아플 것 같은 느낌이 들면 지체 없이 물로 된 지사제를 마셔버리는 것이고, 한 병으로 효과가 없으면 두 병도 마신다고 한다. 그다음부터는 항상 지사제를 들고 골프 라운딩을 가고, '내게는 지사제가 많아'라는 긍정적인 사고로 인해 라운딩을 편안한 마음으로 즐기게 되었다고 했다. 긴장할 상황이 되었을 때도 배가 아프지 않을 수 있는 방법을 적극적으로 찾고 있는 좋은 예가 아닐 수 없다.

둘째, 긴장할 상황을 만들지 않거나 최대한 피한다. 솔직히 이 세상을 살면서 이 방법은 결코 쉬운 일이 아니다. 하지만 최대한 피할 수는 있다. 예를 들면 난 아랫배가 약간이라도 더부룩하면 내부순환로는 타지 않는다. 그리고 고속버스를 타기 전에는 반드시 화장실을 다녀온다. 큰 것이 마렵지 않아도 골프 티업을 하기 전에 갔다 오고 9홀을 돌고 20~30분 쉬는 시간에도 반드시 화장실에 간다. 아무런 신호가 없어도 이건 엄연한 나의 루틴이자 의식이 된 지 오래다.

셋째, 전문적인 인지 치료와 상담을 병행하는 일이다. 인지행동 치료에는 생각을 과도하게 중요하게 여김, 위험에 대한 과대 추정, 완벽주의, 과도한 책임감 등 강박장애 환자에게서 나타나는 비합리적 신념과 인지적 오류를 보다 융통성 있고 현실적인 생각으로 변화시키는 인지 치료와 함께, 강박 증상을 유발하는 자극에 노출시키고 강박 행동을 하지 못하게 하여 궁극적으로 불안과 강박 증상을 감소시키는 노출 및 반응 방지(Exposure and Response Prevention, ERP) 기법으로 대표되는 행동 치료가 포함된다.

넷째, 전문적인 약물치료를 받는 일이다. 강박장애의 약물치료는 많은 임상 연구에서 효과가 입증이 되었다. 현재 대표적인 약물은 선택적 세로토닌 재흡수 차단제(selective serotonin reuptake inhibitor, SSRI)다. 선택적 세로토닌 재흡수 차단제의 경우 일반적으로 약물치료 시작 후 4~6주 후 효과가 나타나며, 10~12주 동안 약물치료를 받을 경우 약 75~80%의 환자가 증상의 호전을 보인다. 흔히 우울증에서 보다 높은 용량의 선택적 세로토닌 재흡수 차단제의 사용이 효과적인 것으로 알려져 있다(네이버 지식백과, 강박장애 ―obsessive compulsive disorder, obsessive-compulsive disorder―, 서울대학교병원 의학정보, 서울대학교병원).

치료가 쉽지 않은 불안장애는 특별한 이유가 없는 '범불안장애', '사회적 불안장애', '공황장애' 등이다. 이유가 명확하거나 특정 상황에서 불안을 느끼는 경우는 전자에 비해 차라리 치료하기가 수월하다.

이도 저도 되지 않는다면, 사실 우리에게 남겨진 선택지는 별로 없다. 말 그대로 '나는 자연인이다'를 주장하는 수밖에… 자연인이 되면 긴장할 일도 없고, 긴장된다고 해도 화장실에 못 갈 이유도 없으니 더 이상 아무 문제가 되지 않을 것이다. 둘러보면 천지가 화장실이니까…

단, 본인이 스스로 포기하지만 않으면 된다. 어떤 방법이든 적극적으로 강구하고 찾아야 한다.

기억하라.

우리는 행복해질 수 있다. 그리고 행복해질 것이다.

다시 행복해질 때까지 결코 행복을 향한 노력을 포기하지 않기를 바란다.

　그리하여 동쪽에서 떠오르는 태양을 웃음과 벅찬 감격으로 맞이할 수 있기를 간절히 바란다.

평범한 직장인의 평범하지 않은 불안 다루기

6.   불안을 부르는 생각 멈추기

우리는 왜 불안을 느끼는가?

우리가 불안을 느끼는 이유는 매우 간단하다.

지금의 처지나 상황이 우리의 현실을 흔들고, 우리의 삶이 나락으로 떨어질지도 모른다는 예측 때문이다.

고3 수험생은 입시에서 좋은 성적을 내지 못할까 봐 불안해한다. 직장인들은 언제 직장에서 잘릴지 몰라 불안해한다. 자신의 강박이 불안한 이유는 그 강박이 불러올 영향과 삶에 미치는 파장이 예측되지 않기 때문이고 그 파장은 우리의 명성이나 사회적 이미지, 또는 인간관계에 치명타를 입힐 것이라고 예측되기 때문이다.

혹시라도 아프면 어떡하나 우리는 건강염려증에 빠진다. 아내가 불안한 이유는 아이들이 공부를 잘 못할까 봐, 그리고 남편이 직장에서 잘리게 되면 우리 가정은 어떻게 살아가야 하나 생각하며 불안에 떤다. 임산부가 불안한 이유는 아이가 혹시나 기형아면 어쩌나, 아이를 낳을 때 엄청나게 아플 텐데 잘해낼 수 있을까 불안하다.

잘나가는 회사의 임원들도 불안하다. 그들이야말로 말 그대로 임(시직)원이고 언제 잘려도 이상하지 않은 사람들이므로 실적이 나빠지면 혹시 해고통지서를 받지는 않을까 노심초사하며 하얀 밤을 보내기도 한다(실제 대기업 임원들 중에는 수면제와 항우울제를 복용하는 사람들이 많다는 전언이다).

그러나, 수많은 근심과 불안과 걱정에 파묻혀 살면서 우리가 간과하고 있는 것이 있다. 그것은 바로 우리가 하는 걱정들이 우리의 현실이나 미래를 조금도 바꿀 수 없으며, 걱정한다고 해서 아무것도 달라지는 것이 없음에도 불구하고 끊임없이 걱정에 걱정을 거듭하며 자신들의 몸을 망가뜨리고 있다는 점이다.

이처럼 우리의 생각은 긍정보다는 부정적이고 비관적인 측면으로 흐르려는 강한 경향을 보인다. 또한 그렇게 한번 부정적으로 흐르기 시작한 그 생각과 걱정을 멈추는 일이 결코 쉽지 않다는 것을 나 또한 모르는 바가 아니다. 생각을 멈추고 싶지만 멈춰지지 않을 때도 있다는 것도 안다.

나 역시 생각이라는 녀석을 멈추고 따돌리기가 너무 힘이 들었다(그러니 병에 걸렸겠지). 심지어 생각을 멈추고 싶어도, 나를 염려하게 만들고 가슴을 졸이는 일이 매일매일 반복적으로 내 눈 앞에서 벌어지고 있다면 생각을 멈추는 일은 불가능하게만 보인다.

지난 시절 나의 상황은 이랬다. 생산 차질로 제품 생산이 어려운데 매일 아침 재고는 바닥이고, 원재료 수급마저 힘들어져 생산 차질이 너무나 분명한 경우, 게다가 원재료 수급은 언제 나아질지 알지 못하고, 아침마다 거래처 독촉 전화는 계속 오고 눈앞에는 뻔히 비어가는 원재료 창고가 있는 상황이라면 어찌 매일 가슴을 졸이지 않을 수 있겠는가. 설상가상으로 윗사람으로부터 지속적인 업무 체크와 압박이 있다면, 그 상황이 1~2년 계속된다면 가슴을 졸이는 일을 멈추기란 생각처럼, 심리학자들의 원론적인 충고처럼 쉽게 되지 않는다.

그럼에도 불구하고 죽을 힘을 다해 쓸데없는 생각과 걱정을 멈추자. 살기 위해 쓸데없는 생각과 걱정을 멈추자. 그 시간을 오롯이 현재만을 생각하며 우리 자신의 행복을 극대화할 수 있는 일에만 쓰기로 하자.

우리가 하는 걱정의 95%는 절대 일어나지 않을 일들을 걱정하고 있고, 3%는 사실 그 일이 일어난다고 해도 우리가 생각한 대로 마냥 최악으로만 치닫는 경우는 없으며, 1.9%는 반드시 일어날 일이고 최악으로 치달을 것이 분명하지만 우리가 할 수 있는 일이 없는 경우라는 것이다. 단지 0.1%만이 우리가 걱정하고 염려함으로 대비했을 때 현실을 바꿀 수 있는 여지가 있다는 어느 심리 연구소의 연구 결과가 있다.

결국 우리는 일어나지도 않을 일에, 일어난다고 해도 우리가 생각한 것처럼 그리 최악의 경우도 아닌 일에, 최악으로 치달을 거지만 우리가 할 수 있는 일이 전혀 없는 일에 목을 매고 있는 것이다. 모두 99.9%의 영역에 속하는 일이다. 한마디로 염려하고 번민하는 일이 아무 소용이 없는 것이다.

그러니 이제 쓸데없는 생각과 걱정을 멈추자.

살기 위해 쓸데없는 생각과 걱정을 멈추자.

어느 기독교 목사가 코로나19에 감염될까 봐 걱정에 걱정을 거듭하다 아무것도 하지 못하는 한 사람에게 이런 이야기를 들려주었다고 한다. 그 이야기를 도식화하면 이렇게 된다(85쪽).

실선은 걱정할 필요가 없는 경우다. 빨간 점선만 걱정하자. 오른쪽 파란 영역은 '절대 안심'의 영역이다.

이제 우리의 걱정을 떠나보내자. 더 이상 걱정하지 말자. 걱정의 습관을 바꾸자.

성경에 이런 말이 있다.

"그러므로 네가 염려하여 이르기를 무엇을 먹을까 무엇을 마실까 무엇을 입을까 염려하지 말라"

우리는 염려함으로 우리의 키를 한 자라도 키울 수도 없고 우리의 머리카락 한 올도 검게 할 수 없다.

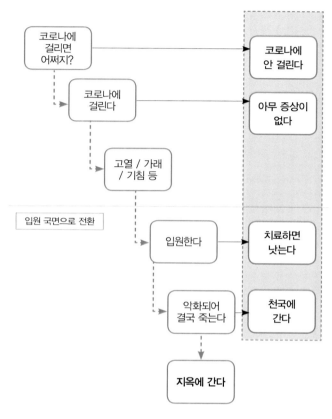

코로나에
걸리면
어쩌지?

코로나에
걸린다

고열 / 가래
/ 기침 등

입원 국면으로 전환

입원한다

악화되어
결국 죽는다

코로나에
안 걸린다

아무 증상이
없다

치료하면
낫는다

천국에
간다

지옥에 간다

악해서 지옥 가면 당연한 거지
그걸 걱정하나?

Episode 2

술로 한평생을 후회와 분노로 사셨던 아버지는 내게 불안과 공포, 두려움의 대상 그 자체였다. 잘못된 결혼으로 인한 배우자에 대한 분노에, 시골에서 땅을 팔아 경제 도약기였던 1970년대에 진주에 땅을 사려고 했던 나름의 투자 판단이 할아버지의 고집으로 무산되면서 아버지는 그저 술로 인생을 달래며 사셨다. 아버지의 판단은 세월이 흐르고 난 후 너무나 정확했었고 진주시 상평동 모래벌판이 공업단지로 변모하는 것을 아버지는 진주 장에 나갈 때마다 지켜보아야 했고 그럴수록 할아버지에 대한 원망은 더 깊어졌다.

'그놈의 술이 웬수지.'

할머니의 한탄과 눈물은 마를 날이 없었고 그렇게 나의 유년 시절도 슬픔과 불안으로 얼룩졌다.

술을 너무 많이 마신 탓에 아버지는 위궤양을 넘어서서 위벽

평범한 직장인의 평범하지 않은 불안 다루기

에 구멍이 생길 정도였고 수술 후 퇴원했지만 퇴원 후 집으로 돌아와 안방에 앉자마자 이상한 어투로 내게 말하셨다.

"안 되겠다, 구야(아버지는 나의 이름 끝자를 그렇게 불렀다). 다시 병원 가자."

아버지의 얼굴을 쳐다보니 아버지의 얼굴이 일그러지고 입이 돌아가고 있었다. 술로 인해 면역 체계가 무너지면서 구안와사가 온 것이다.

그렇게 오랜 기간 동안, 그 술로 보낸 세월만큼 내 마음속에는 불안과 공포가 떠나지 않았다. 아버지가 술에 취하신 날은 엄마가 맨발바닥으로 콘크리트 마당을 쿵쿵 밟으며 도망치는 날이었고 집안 살림들은 모두 마당으로 내동댕이쳐지는 날이었다. 살림살이는 작은 접시부터 시작하여 크기를 가리지 않았다. 심지어 냉장고가 마당으로 뒹굴어 떨어진 날들도 있었다. 어떤 날은 방마다 타지도 않은, 숯더미 같은 연탄재가 깨져 돌아다니는 날들도 있었다.

내가 고등학교 1학년이던 1991년 나의 일기장을 뒤져보면 그 당시 나의 불안과 슬픔이 얼마나 지독했는지를 가늠해볼 수 있다. 정확히 1991년 10월 22일자 나의 일기장에는 이런 시가 쓰여 있다.

1991. 10. 22. 화

울부짖는 아기양
덮이는 먹구름

밤은 깊어 풀벌레 울고
슬픔은 깊어 아기양 운다

휘청한 달빛도 웃어주는데
내 친구 양들도 웃어주는데
먹구름 가득한 목장 안에는
아기양의 울음 소리만 가득하다

달(月) 가는 소리, 분침 가는 소리
내 가슴 뛰는 소리
고요한 정적 속에 도사리는
아직도 꺼지지 않은 불꽃

평화여 오라!
내 목장에도 평화여 오라
울먹이는 아기양의 목소리가 들리지 않는
평화여 오라!

목장 구석에 앉아 아기양 운다.
풀 속에 제 몸 숨기고 아기양 운다
닭똥 같은 눈물도 아랑곳없이
설움에 겨워 운다.

평범한 직장인의 평범하지 않은 불안 다루기

초원에 핀 새싹, 즐거운 새소리
한낮에 빛나는 태양
가을의 낭만이 있을 법한데
아기양 운다 아기양 운다

자리를 털고 일어서련다
악몽 속에서 깨어보련다
한쪽 발 묶인 아기양 운다
자유를 잃어버린 아기양 운다.

이제는 말라버린 눈물
소낙비를 무색케 하는 비는 그치고
멀찌감치 들리는 늑대 소리
아기양 울부짖는 소리
늑대는 처음부터 늑댄가?
늑대도 처음에는 양이었었지!

　이 나이에 다시 읽는 일기장 한켠의 시 한 수는 애처롭기도 하고 겸연쩍기도 하고 슬프기도 하다. 10월에 쓰였음에도 일기를 쓸 당시의 계절과는 아무 상관 없이 '초원에 핀 새싹 즐거운 새소리'라고 적는 걸로 봐서 그 당시 그 아이는 그렇게 환하고 밝고 행복한 이미지가 그토록 그리웠나 보다.
　아버지의 구안와사는 조기 치료 시기를 놓치는 바람에 돌아가실 때까지 완치되지 못했고 삐뚤어진 입 모양을 바로잡지 못해 어눌한 말투로 말씀하실 수밖에 없었다. 정말 귀를 쫑긋 세우고 신경을 쓰지 않으면 도대체 무슨 말을 하시는 건지 알아들을 수가 없을 정도였다. 그런 상황에서도 약주를 드시는 일을 멈추지는 못하셨고 결국은 그 술로 인해 젊은 나이에 세상을 등지게 된다.

약주를 그렇게 드시고는 살림살이를 다 부수고 제 몸도 못 가누는 상태에서 자꾸 집을 나가려 하셔서 할아버지와 나와 동생이 차례로 아버지를 안방에서 끌어안고 앉아 있어야 했다. 몇 시간이고 아버지가 지쳐서 쓰러져 잠이 들 때까지 그 다툼은 계속되었고 노구(老軀)를 이끌고 한창 때인 아버지를 뒤에서 껴안고 앉으신 할아버지의 한숨과 헛웃음은 지금도 생생히 기억이 난다.

"허허, 참 살다 살다 별의별 일을 내가 다 겪는구나. 내가 복이 이것밖에 안되는 걸 우짜겠노. 구야, 니는 그만 가서 자거라. 내일 학교 가야지."

아버지가 끝내 술을 이기지 못하시고 이 땅을 떠나시던 날은 내 대입 시험 합격 발표가 났던 1993년 12월 추운 어느 날이었다. 아버지가 돌아가시고 장례를 치르던 그날은 약간은 흰 눈이 흩날리는 엄동설한의 날씨였고 나는 아버지의 장례식이 치러지는 3일 동안 단 한 방울의 눈물도 흘리지 않았다. 오히려 이제는 더 이상 악몽 같은 밤들을 보내지 않아도 된다는 안도의 마음이 더 컸다. 장례식을 마치고 집으로 돌아와 항상 누워 계시던 자리를 정리하고 나니 홀가분했다.

아버지의 삶을 조금이나마 이해하고 아비의 삶이 무엇인지를 헤아리기까지, 못나고 아팠던 기억들만 남겨주고 떠난 아버지가, 아니 정확히 이야기하면 아버지라는 존재가 그리워지기까지는 30년이라는 세월이 걸렸다. 30년이 흘러 아들은 고등학생 아들과 딸을 둔 두 아이의 아버지가 되어 있었고, 햇볕이 너무나 따사로운 어느 주말 아침, 운동을 마치고 돌아가는 차 안에서 영탁의 '막걸리 한잔'을 들으며 이제 50을 바라보는 아들은 비로소 아버지가 그리워 오열하며 울었다.

'아버지, 우리 아들 많이 컸지요. 그래도 인물은 내가 낫지요.'

미스터 트롯 이후로 자주 듣고 들었던 '막걸리 한잔'이 그날따라 왜 그리 내 가슴을 후벼팠는지…. 아버지와의 대화가 너무 그리웠던 모양이다. 하늘에 계신 아버지에게 그리 묻고 싶었던 모양이다.

'아부지, 내 아들 많이 컸지예? 그래도 인물은 내가 더 안 낫습니꺼….'

III

불안장애, 나는 이렇게 다루었다

1. 불안을 가라앉히는 호흡법

    불안을 느끼는 시간이 장기화되고 그 강도가 조금씩 강해지면 자신의 호흡이 변한다는 사실을 아는 사람은 거의 없다. 우리가 일상생활을 할 때는 우리 스스로가 호흡을 하고 있다는 사실 자체를 인지하지 못하고 살 만큼 '호흡'은 우리 존재 그 자체이고, 가장 자연스러운 신체 대사활동 중 하나인 동시에 불안과도 깊이 맞닿아 있다.

    예를 들어 일상생활 속에서 아무런 스트레스나 불안이 없을 때 우리의 호흡은 극히 정상적인 사이클을 보인다. 하지만 불안이 우리를 엄습하는 동안, 또는 우리가 극한 긴장을 느끼는 순간에 우리는 모든 신경을 불안에 집중하게 되고 그 영향으로 인해 우리의 호흡은 짧아지고 숨을 자주 쉬게 된다. 심지어 숨을 거의 쉬지 않고 있을 때도 있다. 물론 이 순간에도 우리 스스로는 호흡의 패턴이 변하고 있다는 사실을 느끼지 못한다.

다시 말해 정상적인 호흡 곡선은 커브가 일정하고 진폭이 어느 정도 높으면서 주기가 길다면, 불안이 밀려오고 있을 때는 커브의 진폭도 낮고 주기도 매우 짧아진다. 심지어 호흡량과 주기가 일정하지 않게 되기도 한다. 어느 순간 자신의 호흡을 점검해보면 한동안 거의 숨을 쉬지 않는 것을 발견할 때도 있다.

정상적인 정서 상태에서의 호흡 그래프

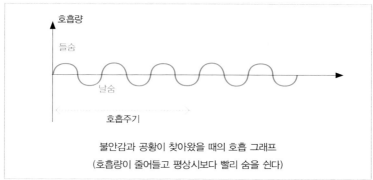

불안감과 공황이 찾아왔을 때의 호흡 그래프
(호흡량이 줄어들고 평상시보다 빨리 숨을 쉰다)

이는 우리가 롤러코스터를 타는 순간을 생각해보면 쉽게 이해할 수 있다. 신체가 극도의 불안과 긴장 모드로 들어가게 되면 자연스럽게 호흡을 멈추게 되는 이치다.

이러한 호흡 불균형과 산소량 부족은 답답한 가슴을 더 답답한 형국으로 몰아가게 되고, 우리는 호흡 대사를 잊은 채 숨을 낮게 자주, 그리고 작게 쉬게 된다. 모자란 산소량은 우리의 가슴을 다시 옥죄는 악순환을 불러온다.

가슴이 답답해지거나 불안이 밀려오는 듯할 때 호흡에 집중하자. 눈을 감고 숨쉬기에 집중하자. 단전호흡을 하는 것처럼…. 숨은 이렇게 쉬는 것이다.

단, 이러한 숨쉬기를 통한 불안감 해소는 불안감이 신체화 증상으로 발전되기 전에, 다소 경증일 경우에 효과가 좋다. 신체화 증상이 심할 경우에는 그다지 큰 도움이 되지는 않는다(물론 이는 나의 경험에 비추어 내린 결론이니 사람마다 다를 수 있음을 미리 말해둔다).

. . .
숨쉬기

① 편안한 자세로 의자에 앉는다.
② 머리와 목, 가슴을 나란히 정렬한 후 힘을 빼고 평온한 상태로 유지한다.

③ 어깨에 힘을 풀고 등받이에 등을 댄다.

④ 손을 허벅지나 편안한 위치에 둔다.

⑤ 편안한 상태라면 천천히 부드럽게 눈을 감는다.

⑥ 코로 깊게 숨을 들이마시고 6~8초간 유지한 후 아주 천천히 내쉰다.

⑦ 똑같은 과정을 두 번 더 반복하고 매번 전보다 좀 더 깊이 숨을 들이마신다.

⑧ 숨을 쉬는 동안 머리부터 발끝까지 온몸에 힘을 빼고 평온하게 한다.

⑨ 숨은 차분하게 끊김 없이 유지한다.

⑩ 자신의 숨쉬기를 형성한다. 좋은 숨쉬기에는 3가지 조건이 있다.
- 차분함
- 일정한 간격
- 고요함

⑪ 숨쉬기 과정을 지나치게 의식하지 않고 온몸이 숨을 쉬듯 자연스럽게 유지한다.

⑫ 코를 통해 숨을 들이마시고 내쉬는 것에 집중한다.

⑬ 차분하고 조용한 일정 간격의 숨쉬기를 10번 반복하고 눈을 뜬다.

2. 불안 해소에 도움이 되는 스트레칭 및 긴장 풀기

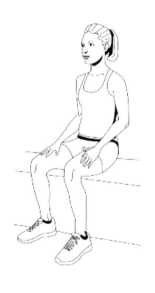

의자에 앉아서 힘을 뺀 상태에서 다음과 같은 스트레칭을 실시한다.

① 머리와 목, 가슴을 나란히 정렬한다.

② 다리는 꼬지 않고 양발은 바닥에 둔다.

③ 양손은 허벅지에 올린다.

머리

① 어깨를 고정하고 머리를 천천히 오른쪽으로 돌린다.
② 세 번의 안정된 숨쉬기를 반복한다.
③ 머리를 반대편으로 돌려 똑같이 반복한다.

귀

① 어깨를 고정한 상태로 왼쪽 귀를 왼쪽 어깨로 내린다. 이때 어깨는 움직이지 않는다.
② 세 번의 안정된 숨쉬기를 반복한다.
③ 반대편도 똑같이 반복한다.

목

① 머리와 목, 가슴을 나란히 정렬하고 어깨도 수평을 유지한다.

② 고개를 천천히 천장을 향해 올리고 고통이 느껴지지 않을 정도로 목을 젖힌 채 편안하게 앞목을 스트레칭한다. 이번엔 숨을 천천히 내쉬면서 턱을 천천히 끝까지 내려 턱이 가슴팍에 닿을 때까지 고개를 숙인다. 그 자세를 유지하고 뒷목을 스트레칭한다.

③ 충분히 스트레칭한 후 고개를 원 상태로 든다.

얼굴 마사지 및 눈, 이마 마사지

① 손바닥 밑 부분을 관자놀이 주위 광대 윗부분에 대고 천천히 안쪽 방향으로 원을 그리며 얼굴을 마사지한다. 원형을 그리며 천천히 턱선까지 내려온 후 같은 방법으로 얼굴의 여러 부위를 마사지한다.
② 느슨하게 주먹을 쥔 후 마디 부분으로 눈 바로 밑을 지그시 눌러준다. 천천히 관자놀이 쪽으로 이동했다 마지막엔 눈썹과 이마 부분을 눌러주며 마무리한다. 같은 과정을 몇 번 반복한 후 마디로 얼굴의 다른 뼈 부분을 마사지한다.

호흡 훈련법

어느 의사의 칼럼에서는 '호흡 훈련법'을 소개하고 있다. 이 또한 실제적인 도움이 될 듯하다.

머리를 기댈 수 있는 편안한 의자에 앉아서 10초간 마음을 안정시키고 나서 한 손은 가슴 위에, 다른 한 손은 배꼽 위에 놓고 길게 숨을 내뱉는다. 이때 되도록 가슴 위의 손은 움직이지 않고 배 위의 손만 오르내리도록 호흡한다. 숨을 들이쉴 때 속으로 '하나'라고 세고, 내쉬면서 속으로 '편안하다'라고 말한다. 이렇게 열까지 센 뒤, 다시 거꾸로 하나까지 세며 복식호흡을 한다. 복식호흡에 익숙해지면 똑바로 누워서 배 위에 책을 올려놓고 한다.

하루 두 번, 적어도 10분 이상 매일 하는 것이 좋다. 강북삼성병원 정신건강의학과 오강섭 교수의 말에 따르면, 불안감이 들면 교감신경이 활성화돼 호흡이 가빠지는데 호흡 훈련법은 가쁜 호흡을 조절해 심신을 편안하게 이완시키도록 돕는다고 한다.

　　　　　　　　　平범한 직장인의 평범하지 않은 불안 다루기

3.   불안 마주하기, 상담과 요가의 효능

현대를 살아가는 우리들에게 '불안'이라는 주제는 삶의 존재론을 논함에 있어 절대 빠질 수 없는 주제임에 틀림이 없다. 그만큼 현대인들은 많은 종류의 불안, 공황, 우울, 조울 등 신경정신적인 질병에 노출되어 있고 이러한 병증에 고통받고 있다. 네이버 카페만 둘러봐도 '불안'이라는 검색어로 쉽게 찾을 수 있는 네이버 대표 카페 '공황장애 완치'가 있고 가입자 수가 십만여 명에 이르고 있다는 사실이 그 반증이다.

나의 경험으로도 다소 규모가 큰 3차 대학병원 신경정신과 병원을 찾아가보면 한 달가량은 이미 예약이 가득 차 있고 한 시간을 기다리는 일은 다반사다. 대학병원만 그런 것이 아니다. 회사 앞 작은 신경정신과에 가봐도 사람들은 드글드글하다. 요즘에는 숫제 이런 말이 나돌고 있다고도 한다. 강남에 가면 한 건물 건너 성형외과가 들어섰었는데 지금은 한 건물 건너 신경정신과가 들어서고 있다는 이야기도 들었다.

그렇다고 불안을 껴안고 버티며 그냥 살기에는 불안이 우리의 삶에 가져오는 폐해가 너무나 크고 깊다. 특히 불안이 신체화 증상으로까지 진행되기 시작하면 일상생활 자체가 불가능해진다. 하루 종일 불안한 마음에 밥을 먹지 못하고, 심지어 책상에 진득하게 앉아 있을 수 없으며, 밤이 되어도 불안한 마음이 가시지 않고 누우면 그 불안이 더 올라와 더 이상은 우리의 일상을 평온하게 이어갈 수 없는 지경이 된다. 오랜 기간 불안이 지속되면 결국 우울증을 동반하게 되고 우울증이 깊어지면 더이상 사는 게 사는 것이 아닌, 불행과 고통으로 점철되는 삶으로 전락할 뿐이다.

나의 경험에 비추어 볼 때 불안을 극복할 수 있는, 그래서 우리가 조금 더 기쁘고 행복한 삶을 살아가기 위한 방법을 두 가지 추천하고자 한다. 이는 순수하게 나의 경험에 비추어 본 것이므로 의학적인 객관성 및 전문성은 떨어질 수 있겠으나 조금이나마 불안장애를 극복하는 데 도움이 되리라는 확신으로 이야기를 나누고자 한다. 적어도 네 번의 불안장애 재발을 겪고(두 번은 나의 삶을 송두리째 집어삼킬 듯한 불안이었고, 두 번은 일상을 포기하지는 않아도 될 법한, 하지만 일상은 결코 행복하다고 말할 수 없었던 불안을 겪었다) 4번째 단약 과정을 진행하고 있는 경험이면 충분하지 않을까.

평범한 직장인의 평범하지 않은 불안 다루기

무엇보다 중차대한 원칙 하나는 자기에게 맞는 병원, 자기에게 맞는 의사, 자기에게 맞는 약물을 찾아 불안을 먼저 잠재우는 노력이 절대적이다. 많은 사람들이 자기에게 맞는 병원, 자기에게 맞는 약을 찾지 못해서 약을 복용하고 있으면서도 끊임없는 불안에 시달리는 경우를 많이 보았다. 따라서 맨 먼저 해야 할 일은 신경정신의학의 발달과 그 약의 효과를 믿고 먼저 약을 통해 1차로 불안을 잠재우도록 하자.

두 번째는 상담이다. 사실 우리는 우리 자신을 잘 안다고 생각하지만 내가 두 달 정도의 상담 기간 동안 경험을 통해 깨달은 사실은, 우리는 우리 자신을 모를 때가 더 많다는 사실이다. 무엇보다 새로웠던 것은 불안이 단순히 이성적인 사고의 결과로 인해 나의 이성이 느끼는 불편한 감정일 뿐 아니라 더 나아가 우리가 기억하지 못했던 시절부터 우리 몸에 새겨져온, 소위 '몸이 기억하는 불안(몸 안에 내재화된 불안)'이 있다는 사실이다.

이에 대한 자세한 이야기는 이 책의 뒷부분에서 다시 한번 다룰 것이다. 그 내용이 궁금한 사람은 먼저 뒤로 넘겨 그 내용을 먼저 읽고 다시 돌아와도 좋다. 「IV-2. 거듭되는 불안장애의 재발, 몸이 기억하는 불안이 있다」가 바로 그 내용을 다룬 글이다. 예를 들면, 좁은 공간에 오랫동안 갇혀 있으면서 극심한 공포와 불안을 느꼈던 사람은 폐쇄된 공간에 대한 불편한 감정이 이미 몸속에 배어들게 되고 결국 폐소공포증을 유발하게 되는 이치다.

그런 불안들은 상담을 통해 들여다볼 수 있다. 이 부분은 지극히 전문가의 영역이다. 우리가 미처 알지 못했던 내 안의 불안 요소들을 지각하게 되는 순간부터 불안에 대한 대처와 치유가 시작된다고 할 수 있다.

그리고 상담하는 과정에서 순간적인 불안 증세가 심해질 때 자신의 불안을 제어할 수 있는 간단한 처치 방법들을 배울 수 있고 이를 통해 어느 정도 불안을 통제권 안에 둘 수 있다는 자신감을 갖게 된다.

세 번째는 요가다. 나의 경우 사실 요가의 기원이 인도라는 것 하나만으로 괜히 터부(taboo)시한 경험이 있었다. 하지만 요가만큼 몸을 다스려 우리의 감정을 컨트롤하는 운동은 없다고 본다.

불안은 알고 보면 좌뇌(우리의 이성적 사고를 관장하는 부분)와 우뇌(우리가 감정을 느끼고 그 감정을 처리하는 부분)의 불균형에서부터 시작된다고 할 수 있다. 요가는 이러한 좌뇌와 우뇌의 언밸런스(unbalance)를 조화롭게 만드는 데 많은 도움을 준다고 확신한다.

또 불안은 결국 우리의 몸, 다시 말해 온몸의 근육을 긴장시킨다. 사실 신경학적으로 보면 이는 극히 당연한 결과다. 불안은 근육을 긴장시키고 동공을 확대시켜 온몸으로 하여금 생명을 보전하기 위한 대책을 강구하라는, 즉 뇌가 우리의 온몸에 내리는 명령의 신호이기 때문이다.

요가는 이처럼 불안이 불러온 근육의 긴장을 완화하는 데 정말 탁월하다. 이두박근, 삼두박근과 같이 우리의 몸 외부에 드러나 있는 대근육뿐 아니라 우리의 골반 안에 뻗어 있는 작은 소근육들의 긴장을 풀어주게 된다.

인대와 관절의 활동 범위를 넓혀주고 전신의 혈액순환을 개선시켜준다. 무엇보다 요가 자세들은 우리 횡경막의 상하 움직임을 제약함으로써 우리가 요가 운동을 하는 동안에는 적어도 복식호흡 외에는 다른 방법이 없도록 우리 몸을 안내한다.

복식호흡은 우리가 어디에서 왔는지를 알려주는, 태생적인 호흡법이라는 것은 모두가 알고 있다. 더 깊은 호흡을 할 수 있고, 인체 전반에 풍부한 산소를 공급할 수 있게 되어 결국 신체를 건강하게 하는 데 유익하다. 요가를 시작한 지 두어 달이 넘어가고 있고 지금은 몸이 찌뿌둥할 때도 요가를 하고, 피곤해도 요가를 하고, 기분이 울적해질 때도 요가를 한다. 당연히 불안이 올라올 것 같은 예기불안이나 뇌가 각성되어 욱신거리기 시작할 때도 요가를 할 때이다.

퇴근 후에는 드라마를 보며 요가를 하고, 출근 전에는 하루의 시작을 요가로 한다. 처음 요가를 할 때는 지천명의 나이를 바라보는 사람이기에 모든 동작들이 쉽지 않았고 힘에 부쳤다. 하지만 섣부른 실망은 금물이다. 매일매일 조금씩 조금씩 하다 보면 어느새 더 넓어진 관절 활동 범위, 더 유연해진 인대, 더 늘어나는 근육 등을 느끼게 될 것이다. 관절의 활동 범위가 더 넓어질수록 우리의 호흡은 더 편안해지고, 우리의 몸은 긴장과 불안에서 조금씩 조금씩 놓여남을 깨닫게 될 것이다.

나의 개인적인 경험에 비추어 볼 때 불안과 긴장을 내려놓는 대표적인 자세들이 몇 있었는데 코브라 자세와 쟁기 자세, 다운 독, 비둘기 자세 등을 하게 되면 우뇌의 자극이 많았던 것으로 기억한다.

코브라 자세

쟁기 자세

평범한 직장인의 평범하지 않은 불안 다루기

로우 런지 자세. 바닥에서 무릎을 떼게 되면 런지 자세가 되는데 런지 자세가 더 힘들고, 불안을 잠재우는 데는 좀 더 효과가 있다

자세의 이름은 명확하지 않으나 이 자세도 좋고 여기서 무릎을 직각으로 세우고 고개를 좀 더 안으로 접어들이고 팔을 오른쪽 방향으로 밀어보면 우뇌의 각성이 일어나는 경험을 하게 될 것이다. 이건 순수한 나의 실제 경험이다

불안의 신체화 증상이 심한 사람은 우뇌가 각성되기 쉽고 욱신거리는 증상으로 나타나는 경우가 많은데 특정 요가 동작들을 수행하는 동안 동일한 증세가 우뇌에서 나타나는 경험을 자주 하였다.

우리에게는 훌륭한 요가 선생님들이 계신다. 유튜브라고 하는 곳에 여럿 계시고, 상담의 경우에는 도움이 필요한 이에게 좌표를 공유할 수 있다. 그냥 유튜브에서 '불안장애, 요가'라는 키워드를 치면 불안에 도움을 줄 수 있는 여러 가지 요가 동작들이 나오는데 그 동작들 중 유독 본인의 불안을 잘 다스려주는 듯한 동작이 분명 있을 것이다.

불안장애, 극복할 수 있다.

불안함으로 점철된 하루하루의 일상을 살아가기에는 우리의 삶이 너무 찬란하지 아니한가….

4.   불안 아래 깔린 우울을 걷어내다

불안장애를 심하게 앓고 난 후 약물치료를 통해 불안 증세를 잡고 나니 극심한 불안 아래에 잠겨 있던 거대한 우울의 크기가 드러났다. 단순한 우울감이나 무기력이라고 표현하기에는 너무나 생경한 느낌…. 뭐랄까, 내 눈두덩이가 금방이라도 앞으로 빠져 흘러버릴 듯한, 차라리 통증에 가까운 우울감…. 우울감의 무게가

너무 커서 도저히 고개를 들 수 없었다.

우울한 마음을 주체할 길이 없어 그저 거실 의자에 앉아 하루 종일 우두커니 아무것도 하지 못하는 나를 아내는 매일매일 끌고 나가 주변 공원 산책을 시켰다. 2018년 춘삼월도, 2019년 춘삼월도 우리 가족에게는 악몽 같은 시간들이었다. 천지는 봄기운으로 가득하고 봄꽃들이 흐드러지게 피었지만 내 마음만은 동토처럼 얼어붙어 있었다.

아내와 매일매일 공원을 걷는 날이 늘어나면 늘어날수록 목 뒷덜미가 아파왔다. 이유는 내가 걸으면서 '나도 모르게' 땅만 보고 걷고 있었기 때문이다. 마음이 우울하면 사람의 눈은 땅을 보며 걷게 되더라. 아내는 2~3분마다 나에게 이야기를 해야 했다.

"여보, 고개를 들어 앞을 봐."

우울증이 심각한 상태에서 바깥 운동을 나설 때 조심해야 하는 것이 있다. 첫 번째는 시선을 너무 땅에만 고정하지 말라는 것이고, 두 번째는 '우울한 눈'에는 우울한 사람들만 자꾸 보이는 경향이 있으니 이를 조심하라는 것이다.

신경정신과를 다니면서 수많은 환자들을 보아온 탓에 길을 걸으면서 눈동자만 봐도 그 사람이 우울증을 앓고 있는 사람인지 아닌지를 알 수 있게 되었고, 심지어 그 병의 심각 여부를 어느 정도 판단할 수 있게 되었으며, 길을 걸을 때면 거짓말처럼 그런 사람들만 눈에 들어온다는 것이다. 우울은 우울을 알아본다고나 할까….

그러면 우리 마음은 다시 절망의 나락으로 떨어진다. 온갖 비관적인 생각들이 우리를 공격하는 것이다.

'언제까지 이러고… 이렇게 우울한 채 살아야 하나… 차라리 모든 걸 포기하고 싶다.'

'나을 수나 있는 병일까…'

'사는 게 왜 이리 우울할까…'

'우울증 걸린 사람들이 왜 이리 많은 걸까…. 나도 우울증이 길어지면 저 사람들처럼 저런 모습으로 병약해지고 늙어가게 될까…. 저 사람은 정말 보기에 추하다…. 내 얼굴은 더 추해 보이는 것은 아닐까…. 저들도 내가 우울증에 걸렸다는 걸 한눈에 알아보겠지?'

우울한 잡념들은 우울감을 타고 들어와 나의 뇌 속을 다 헤집어 놓기 일쑤였다. 그럴 때마다 내가 항상 열어본 메시지 하나가 있다.

그건 아는 사람이 내게 보내준 카톡 메시지였는데 난 그걸 카톡창 맨 위에 고정해두고 우울감을 도저히 이길 수 없을 때마다 그 메시지를 읽고 또 읽고, 읽고 또 읽으면서 마음을 다잡으려 애썼다. 왜냐하면 이 녀석도 오랜 기간 동안의 천식을 앓으면서 평소의 일상적인 호흡마저 힘이 들 때가 많았고 투병 생활이 깊어지면서 우울증을 심하게 겪기도 한, 적어도 우울증에 있어서는 나의 선배 격이었기 때문이다.

오빠~.

우울증도 몸의 일부가 아픈 병이니까 정신력으로 이기려 하지 말고(정신력으로 이겨내지 못한다고 조금의 자책도 하지 말고), 적극적으로 치료를 하면서 원인을 차단한 환경에서 지내다 보면 분명히 좋아질 거야! 현대 의학의 힘을 믿고, 또 뭐든지 잘 해왔던 오빠 자신을 믿고 힘들어도 다시 힘을 내고 또 힘을 내라~. 우리 주변에 만성질환 여러 개 가진 사람들 정말 많고 더 심각한 병으로 생사의 갈림길에서 고생하는 사람들도 정말 많잖아~. 이만하길 다행이라고 긍정적으로 생각하구....

'끌어당김의 법칙'이란 게 정말 있대~. 내가 생각하고 말하는 게 에너지가 있어서 그런 비슷한 에너지를 가진 일들을 계속 끌어당긴다네~. 긍정적인 에너지를 담은 밝은 생각, 행복한 생각을 많이 하자 오빠~.

그래!

우울증은 내가 정신력이 약하거나 의지가 박약하여 걸리는 병이 아니다. 우울증은 내 몸이 아픈 병이다. 내가 우울증을 이기려고 하지 말자.

그리고 정신력으로 이 우울증을 이기지 못하는 자신을 탓하거나 비난하지 말자. 조금도 자책하지 말자.

그리고 적극적으로 치료하자. 우울증을 일으킬 만한 모든 환경들을 철저히 차단하자. 현대 의학의 힘을 믿자. 무엇보다 모든 일에 항상 최선을 다하며 또 잘해왔던 나 자신을 믿자.

힘을 내자. 힘들어도 힘을 내고, 또 힘을 내고, 다시 힘을 내자!

평범한 직장인의 평범하지 않은 불안 다루기

우울증을 겪는 사람들이 많은 경우 오랜 기간 동안 우울증약을 복용하고 있고 우울증에서 쉽게 빠져나오지 못한다는 이야기를 들었다. 1~2년은 기본이고 5년, 10년씩 우울증에 시달리는 사람들이 많다.

우리 주변에도 사실 알고 보면 우울증을 앓고 있거나 앓았던 수많은 셀럽들이 있다. 그 이름들 중에는 노무현 대통령이 있고, 유명한 배우인 드웨인 존슨, 마크 트웨인, 가수인 레이디 가가, 마릴린 먼로, 봉준호 감독은 아직도 우울증 약을 복용 중에 있으며, 브레드 피트, 심지어 가수 신해철은 20년 가까이 우울증을 앓았다고 고백했다.

알 파치노, 오프라 윈프리도 있고 심지어 윈스턴 처칠 대통령은 자신의 우울증을 '산책하다 우연히 마주치는 검은 개'라고 표현하면서 우울증은 이상하고 약한 사람들이 걸리는 것이 아니라 누구라도 걸릴 수 있는 병이라고 설명했다. 장국영은 우울증을 앓는 중 스스로 유명을 달리했다. 최진영, 최진실도 우울증이 있었다고 하니 우리가 우울증을 앓게 되는 일이 무에 그리 대단한 아픔이고 약함일까! 험한 세상을 살다 보니 이런저런 병에 걸리고 사고를 당하는 세상사처럼 우리도 우울증이라는 '검은 개'를 우연히 마주친 것일 뿐이다.

네이버에서 우울증에 대한 설명을 찾아보면 이렇게 나온다.

우울증은 흔한 정신질환으로 성적 저하, 원활하지 못한 대인관계, 휴학 등 여러 가지 문제를 야기할 수 있으며, 심한 경우 자살이라는 심각한 결과에 이를 수 있는 뇌질환입니다.

다행히 우울증은 효과적으로 치료될 수 있는 질환으로 초기 완쾌율이 2개월 내에 70~80%에 이르는 의학적 질환입니다. 우울증에는 상담과 정신과 치료가 필수적이며, 중등도 이상의 우울증은 항우울제 투여도 반드시 필요합니다.

특히, 최근 개발된 항우울제들은 뇌 내의 저하된 세로토닌을 증가시켜 우울 증상을 호전시키고, 부작용이 거의 없이 안전하게 우울증을 개선할 수 있습니다.

[네이버 지식백과] 우울증 [depressive disorder] (국가건강정보포털 의학정보, 국가건강정보포털)

자가측정 우울척도 지수를 측정할 수 있습니다.

네이버 자가측정 우울척도 지수는 이 책의 제일 마지막에 부록으로 남겨둘 테니 자신의 우울척도 지수를 한 번은 체크해보는 것도 좋을 것이다.

그렇다면 네이버의 설명과는 다르게 우리는 왜 우울증에서 쉽게 벗어나지 못하는 것일까? 나도 전문가는 아니지만, 항우울제를 복용함과 동시에 '적극적인 환자의 의지와 노력'이 병행되어야만 가능하다는 것이 내 생각이다.

물론 안다. 우울증에 걸리면 아무것도 하기 싫고, 잠만 자고 싶거나, 나가기도 싫어지거나, 사람 자체를 만나기 싫거나 심지어 깨어 있는 것 자체가 싫을 만큼 살아있다는 게 고역일 때가 있다는 것을⋯. 아무것도 할 수 없고, 힘도 없고, 하고 싶은 것도 없다는 것을⋯.

나 역시 20대 시절 아무것도 하지 않고 집 밖에도 나서지 않고 두 달 반을 집에서 잠만 잔 경험이 있다. 먹고, 자고, 텔레비전 보고, 먹고, 자고, 또 잤다. 더 이상 잘 수 없을 만큼, 자고 일어나서 머리가 깨질 듯이 아파올 만큼 자고 또 잤다.

기억하기 싫은 사고를 잊고 싶어서 자극적인 영상들만 찾아서 거기에 몰두했다. 20대가 감당하기에는 너무나 큰 사고 트라우마의 영향으로 심각한 우울증에 빠졌었다는 것을 세월이 한참 흐른 후 알게 되었다.

그렇다면 나는 20대 시절의 우울증에서 어떻게 빠져나왔을까? 이렇게 사는 삶은 더 이상 삶이 아니라는 생각이 들었고, 호구지책의 일환으로 난 막노동을 다니기로 했다. 물론 하루 종일 대문 밖 출입 자체를 하지 않는, 방 안에서조차 거의 나오지 않는 아들을 두 달 넘게 지켜보며 애를 태우시던 노모의 강경한 일침이 있었기 때문에 가능한 일이기도 했다.

'이제 그만하면 충분히 힘들어했다. 이제 좀 정신 차리고 나가서 돈이라도 좀 벌어와라. 이렇게 가만히 앉아서 굶어 죽을 거야?'

두 달 동안의 칩거 생활을 급작스럽게 끝내고 대문 밖을 나설 용기가 어디에서 났는지 지금도 잘 기억이 나지 않지만, 나는 그

날로 당장 밖에 나가 집 뒤편 아파트 공사 현장으로 갔다. 막노동 중에 제일 힘들기로 악명 높은 목수 데모도를 석 달 동안 했다.

군대를 제대한 나였지만 정말 몸이 부서지는 줄 알았다. 집에 돌아오면 신음 소리가 날 정도로 온몸이 아팠고, 소금 찜질을 하지 않으면 다음 날 일을 나갈 수 없을 지경이었다. 그 당시 내 몸무게가, 군대를 다녀온 후였는데 52킬로그램이었으니 오죽했을까….

일주일 만에 목수 오야지로부터 인정을 받았다.

"너 정말 독하구나."

지나고 보면 나는 나의 우울한 정신을 힘든 노동으로 다스린 셈이다. 언제부터였는지 기억하지 못한다. 그냥 그렇게 우울증에서 헤어나오게 되었다.

두 번째 우울증을 극복하는 방법 또한 난 힘든 노동을 선택했다(물론 두 번째에는 우울증 약을 먹지 않고는 견딜 수 없었다). 아무것도 생각할 필요 없는, 하지만 엄청 힘든 육체 노동으로 나를 몰아갔다. 우울한 나의 머릿속에 '힘들다. 쉬고 싶다'라는 생각만이 남을 수 있도록….

내가 병원에 있을 때 우울증 걸린 아줌마 한 분을 만난 적이 있다. 그 아줌마가 우울증에 걸린 이유는 무엇이었을까….

집에 아무도 없어서였다. 아들과 딸은 대학에 가서 대학 주위에서 자취를 했다. 남편은 워커홀릭 경향이 강해서 항상 직장에서 늦게 퇴근했다.

본인은 취미가 없었다. 그분의 유일한 취미이자 하루의 낙이 있었는데 바로 퇴근한 남편과 산책하기였단다. 정작 남편은 곁에 없는 시간이 많았는데 말이다. 하루 종일 말 한마디 건넬 사람 없이, 즐겨 하는 여가생활, 심취하는 취미 하나 없이 아무도 없는 집에서 우두커니…. 우울증에 안 걸릴 수 없는 것이다.

죽을힘을 다해 우울해질 수 있는 환경을 차단하고, 우울에서 벗어날 수 있는 환경을 조성해보자. 유튜브를 검색해보면 우울증을 극복할 여러 방안들이 즐비하게 나와 있다. 감사일기 적기, 하루에 수십 번씩 일부러라도 크게 웃어보기, 하루 10분 이상 햇볕 쬐기, 걷기 등등 우리가 실천할 수 있는 수많은 방법들이 존재한다. 당연히 의사의 처방에 적극적으로, 신뢰를 가지고, 현대 의학을 믿고 열심히 치료도 해보자.

우리의 삶을 우울에게 모두 내어준 채 글루미(gloomy)한 인생을 살기에는 우리네 인생이 너무 짧지 아니한가 말이다. 그러기에는 우리 주위에 우리를 걱정하는, 우리의 소중한 사람들의 가슴을 아프게 만들고는 있지 않은가 말이다.

5.   불안의 뿌리 찾기, 치열한 자기 직면 및 자기 치료

많은 사람이 나에게 묻는다.

"당신은 어떻게 불안장애에서 벗어났습니까?"

심지어 내가 급속한 회복을 보이고 회사에 복귀한 후 감약을 시행하면서 나의 주치의 의사마저도 의아해하며 물어보는 질문이었다.

"이렇게 빨리 회복이 되는 케이스는 드문데요…. 정말 회복이 빠릅니다. 이렇게 정신력이 뛰어난 사람이 어쩌다가 그 지경이 된 겁니까… 왜 아팠던 건가요?"

이미 앞서 설명한 바 있다. 불안장애가 어느 한순간에 훅 하고 오는 경우는 드물다는 거… 예전부터, 아주 오래전부터 이미 불안의 요소를 껴안고 살아왔고 젊은 시절에는 젊으니까, 면역력이 좋으니까 그 불안을 누르고 살 수 있었지만 불혹을 넘기면서 면역력이 떨어지고 우리 몸을 끝내 불안장애에 내어주고 마는 것이다. 우리의 몸이 병이 들어 아픈 것이다.

나는 어떻게 불안장애의 늪에서 놓임을 받은 것일까? 난 그 원인을 크게 두 가지로 생각하고 있다.

첫째는 나 스스로의 자기 치유(70% 정도의 요인이었다고 생각한다)이며 둘째는 병원 입원을 통한 체계적인 치료다. 병원 입원을 통한 체계적인 치료가 왜 필요한지는 이미 앞에서 설명했으니 넘어가고자 한다. 이번 글을 적는 이유는 첫 번째에 대한 나의 극히 개인적이고 주관적인 경험을 들려주기 위해서다.

나에게는 어떤 자기 치유가 일어났는가?

날로 증세가 심해지던 어느 날 난 입원했고 입원한 지 2주가 넘어가는 시점에서도 나의 불안은 약간씩, 아주 약간씩만 잡혀가고 있었다. 하지만 치료가 생각보다 너무나 더뎠다. 그 시간은 내게 너무나 힘든 시간이었다.

하루 종일 신체화된 증상과 통증을 견디며 갈 곳도 전혀 없는 병실과 복도만을 왔다 갔다 하며 시간을 보냈다. 좁은 병실을 나와도 걷는다고 말할 수조차 없이 좁은, 그리고 그리 길지도 않은 복도를 얼마나 자주 왔다 갔다 했는지 모른다. 도저히 다리가 아파 걸을 수 없을 때까지 걷고 또 걸었다. 폐쇄병동 속에는 말을 걸 수 있는 사람도 없었다(말기 치매 환자, 심각한 단계의 조현병 환자와 대화를 기대하는 것 자체가 무리 아닌가).

그러던 어느 날 여느 때처럼 점심을 먹고 나서 소파에 홀로 앉아 텔레비전을 보고 있었다. 다들 양치하러 가고, 또 자러 가고… 뭐 그랬던 것 같다.

갑자기 머릿속에 떠오르는 노래 한 구절이 있었다.

'엄마야 누나야 강변 살자.'

엄마야 누나야 강변 살자
뜰에는 반짝이는 금모래 빛
뒷문 밖에는 갈잎의 노래
엄마야 누나야 강변 살자

– 김소월, 「엄마야 누나야」

나는 이 노래를 부르고 싶었다. 양팔을 한껏 벌려 소파에 걸치고 고개를 뒤로 젖혀 소파에 기댄 채 세상에서 가장 편안한 자세로 노래를 불렀다.

"엄마야 누나야 강변 살자…"

그러다 나도 모르게 눈에서 눈물이 흐르기 시작했다. 물론 외롭다는 슬픈 감정이 들어오기는 했지만 눈물이 흐를 정도는 아니었다. 얼마 지나지 않아 가슴 한가운데서 뜨거운 불덩이 같은 것이 온몸을 태울 것처럼 커져가고 있었다. 그 순간 난 직감했던 것 같다. 이번 눈물이 쉽게 멈출 수 있는 눈물이 아니라는 것을 말이다.

두 눈에서 마치 댐이 터진 것처럼 눈물이 흘러내렸고 난 울면서 간호사실을 찾아가서 말했다.

"눈물이 멈추지 않을 것 같으니 독방을 주세요. 독방에서 좀 실컷 울어야 맘이 풀릴 것 같습니다."

간호사는 내게 격리실을 내어주었다. 격리실에 가서 본격적으로 맘 놓고 울기 시작했다. 눈물이 멈출 기색 없이 쏟아지자 머릿속에서는 온갖 슬픈 기억들이 어제 일처럼 떠올라 흘러갔다.

초등학교 6학년 때부터 엄마와 떨어져 자취를 하면서 살아온 외로웠던 세월, 노래 가사처럼 엄마와 누나가 같이 모여 강변에 살고 싶었지만 온 가족이 전국 각지에 흩어져 살고 있는 처량한 현실, 대학 시절 불 꺼진 강의실을 전전하며 칠판을 지우고 강의실 바닥을 쓸어 먼지와 쓰레기를 치우고, 늦은 밤 어둠보다 더 검은 비닐봉지를 양손에 들고 터벅터벅 계단을 걸어 내려오던 대학 시절의 곤고함. 이 모든 것들이 머릿속에서 주마등이 되어 지나가고 나는 서러움에 북받쳐 울고 싶었다.

이러한 아주 오래전 기억부터 최근 몹쓸 인간의 모멸감을 이 악물고 견딘 6년 세월까지⋯ 내가 어쩌다 이곳까지 흘러온 인생이 되었을까 하는 자기연민과 온갖 처량함까지⋯

살고 싶었다. 지독하게 살고 싶었다. 내가 할 수 있는 일은 신께 울부짖는 일이 전부였다.

'나 좀 살려주소, 나 살고 싶어요, 나 좀 살려주소, 나 살고 싶어요.'

울고 또 울었지만 눈물은 멈추지 않았다.

불안장애라는 몹쓸 병에 걸려 이렇게 끝나는 것은 한 번도 생각해본 적이 없었다. 그러기에는 그동안 그렇게 열심히 살아온 내 삶의 끝이 이런 몹쓸 곳이라는 사실이 너무 억울했다. 신이라는 절대자 앞에서 절규하며 간절히 또 간절히 울부짖었다. 간절함이 깊어질수록 가슴은 애절함으로 저려왔고 눈물은 폭포수가 되어 더 흘러내렸다.

얼마가 지났을까, 누군가 나를 부르는 소리에 눈을 떠보니 간호사와 교수가 와 있었다. 진정제를 먹으란다. 그래야 한다고… 안 그러면 우울감을 절대 이길 수 없다고… 이러다 환자분 큰일 나신다고.

난 거부했다.

"전 이 눈물이 도대체 언제 마르는지 볼 겁니다…. 다 나가세요."

끝까지 가보고 싶었다. 눈물이 언제 마르는지, 내가 이길 것인지, 이 슬픔이 나를 삼켜버리고 끝날 것인지 그 끝을 보고 싶은 오기가 생겼다. 어쩌면 그 눈물의 끝에는 희망적인 그 무언가가 있을 것이라는 막연한 기대감의 발로였을 수도 있다.

또 얼마가 지났을까, 교수가 다시 들어왔다.

"환자분… 이제 그만 우세요. 증세에 전혀 도움이 안 됩니다…. 진정제 드시고 한숨 주무세요."

난 또 거절하고 계속 울었다. 잠깐 운 것 같은데 다 울고 나니 4시간이 지나 있었다. 내 인생에서 이렇게 오랫동안 이다지도 깊은 슬픔을 온몸으로 토해낸 적은 없었던 것 같다. 조부모상, 부친상 때도 이러지는 않았다.

그러고 나서 마음이 조금은 홀가분해진 듯했다. 눈물이 그치자 머리는 맑아졌지만 다시 불안이 찾아들고, 가슴은 신체화 증상으로 다시 저려왔다.

그날 이후로 조금씩 불안이 잡히는 속도가 빨라진 것 같다. 난 이 과정을 '자기 치유'의 과정이라고 부르고 싶다. 그 시간이 지난 날 나의 인생에서 내가 경험했던, 나를 힘들게 하고 불안하게 했던 모든 기억들을 털어내는 계기가 된 것이라고 믿는다.

우리 몸은 자기 치유 메커니즘을 가진, 매우 우월한 존재라는 것을 아는가? 또, 눈물은 우리 감정의 치유에 있어 최고의 수단이라는 것도….

외과 수술 의사들은 잘 안다. 의사가 하는 일이란 건 고작 우리의 신체 조직이나 피부가 잘 아물 수 있도록 서로 붙여주는 일(꿰매어주는 일)과 소독해주는 일 외에는 할 수 있는 게 없다는 것을….

비록 시간이 많이 흘러 그날 그 독방은 내 인생에서 가장 힘들었던 순간으로 박제되어 기도할 때마다 그 순간이 떠오르면 눈물이 흐르고 가슴이 저려오지만, 내 몸의 불안 증세가 조금씩 잦아들게 된 결정적인 순간이었음은 부인할 수 없다.

6.　불안장애와의 이별, 단약 과정

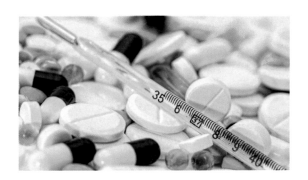

　병원 외래를 다니면서 약을 먹고 불안이 잡히게 되면 그다음은
자연스럽게 단약을 생각하게 된다. 불안이나 공황을 약으로 잡았
으나 계속해서 영원히 약을 먹고 살 수는 없으니 약을 줄여가는
과정이 필수일 테고 이 지난한 과정을 단약, 혹은 감약 과정이라
부른다.

약을 너무 오랜 시간 동안 복용하게 되면, 아무래도 우리 몸에는 약으로 인한 부작용들이 생기기 마련이다. 요즈음 아무리 신경정신과 약들이 좋아졌다고는 하지만 인공적인 물질들로 우리의 호르몬 체계를 조절하고 신경을 때로는 누르고 억제하며 때로는 달래는 일이 좋은 일일 순 없다.

부작용들이야 여러 형태로 나타날 것이다. 나의 경험에 따르면 병적인 졸림, 늘어짐, 온몸에 힘이 빠짐, 손발이 저림, 관절이 아픔, 두통, 안구건조증, 성욕 감퇴 등 여러 가지가 있었던 것 같다.

특히 병적인 졸림은 정말 심각했다. 직장에서 하루 종일 일해야 하는 입장에서 기면증에 가까운 졸음은 너무나 참기 힘든 고통이었다.

단약을 하는 과정에서 반드시 지켜야 할 원칙이 있다.

첫째, 단약의 시작은 시간적인 여유를 가지고 시작하라. 불안이나 공황 증세가 완전히 잡혔다고 생각해서 섣불리 단약을 빨리 시작하는 것은 금물이다. 적어도 5~6개월 이상 의사의 처방을 따라 꾸준하고 충분한 시간 동안 약을 복용한 이후에 의사와의 상담을 충분히 거친 후 단약을 시행하는 것이 바람직하다. 그 5~6개월 동안은 어떤 상황이나 새로운 스트레스 조건에서도 어느 정도 멘탈이 흔들리지 않고 잘 버텨주는지를 체크할 필요가 있다. 그리고 당연히 운동도 많이 하고 신체 면역력을 향상시킬 수 있는 여러가지 식품을 같이 먹어주는 것이 좋다.

둘째, 단약은 의사의 처방에 따라 신중하고 세밀하게 하라. 지금 먹고 있는 약의 종류가 3~4가지 이상이라면 어느 약부터 얼만큼의 약을 감량할 것인지에 대해 의사와의 충분한 대화를 통해 결정하는 것이 바람직하다. 그리고 명심해야 할 것은 우리가 생각하는 것보다 아주 적은 양의 감량만으로도 우리 몸이 즉각 반응(혹은 역효과, 부작용)을 체험하게 될 것이라는 점이다. 그런 의미에서 신경정신과에서 일반적으로 처방되는 약의 힘이 얼마나 큰 것인지, 거꾸로 말하면 얼마나 위험한 것인지를 알 수 있게 된다.

그러니 0.1㎎을 줄이더라도 결코 얕보지 말고, 신중하고 세밀하게 의사의 처방을 따라 감약하기 바란다. 오랜 경험으로 약을 처방받아 먹어봤기에 스스로 판단하고 약을 줄여볼 용기가 나더라도 그 용기는 객기로 전락할 위험이 크다. 전문가의 영역은 전문가에게 맡기는 것이 바람직하다. 나 역시 이러한 무모한 시도를 해보고 실패한 경험이 몇 번 있기에 진지한 충고를 건네는 바이다.

셋째, 감약 단계에서 절대 무리한 감약은 해롭다. 나의 경우 한 번의 재발로(이때만 해도 한 번의 재발로 끝날 줄 알았다) 인해 두 번의 감약 과정을 거쳐보았는데, 첫 번째 감약은 약 하나하나를 줄일 때마다 처음 일주일간은 힘들었다. 이러다가 다시 불안이 도지지 않을까 하는 불안감(예기불안)이 엄습할 정도였다. 그래서 두 번째 감약할 때는 그 속도에 있어 절대 무리하지 않았다. 감약을 했다가 조금이라도 힘들면 그냥 마음 편하게 원위치를 했다.

그리고 무엇보다 중요한 건, 그렇다고 해서 나 자신을 무시하거나 경멸하지 말아야 한다는 것이다. 그리고 감약하지 못한 사실에 대해, 혹은 감약하였더니 여전히 불안이 밀려든다는 사실에 대해 다시 불안해하거나 자괴감에 빠지거나 절망하지 말아야 한다는 것이다. 이 점은 대단히 중요하니 꼭 명심하기 바란다.

넷째, 감약할 때 나타나는 부작용을 조금이라도 상쇄할 수 있도록 초콜릿 같은 단 것을 먹는 것이 특히 불안감을 잠재우는 데 도움이 된다. 불안감이 밀려들 때 약간의 요기를 통해 배를 채우는 것도 좋은 방법이고 따뜻한 물에 목욕을 하는 것도 좋다. 심호흡을 하는 것도 좋고, 심신을 풀어주는 요가 동작을 해보는 것도 좋고, 주위를 다른 곳으로 돌리는 노력도 해보라(음악을 듣거나 좋아하는 영화를 보는 식이다). 그럼에도 불구하고 불안감이 영 잠재워지지 않는다면 감약은 아직 이른 시기다. 다시 원래 용량대로 증약을 해야 한다.

당신도 불안장애에서 벗어날 수 있다. 제발, 절대 희망을 버리지 말고 마음을 강하게 하라.

다른 사람들에게 나의 단약 과정이 조금이라도 도움이 될까 싶은 마음에 단약 과정을 아주 구체적으로 적어보려 한다. 많은 이들에게 혹여나 도움이 되었으면 좋겠다.

나의 경우 2017년 8월경부터 본격적인 불안(밤새 잠을 이루지 못하거나 밥을 제대로 먹지 못할 정도의 심각한 불안)이 시작되었고, 시간이 갈수록 더 심해졌다. 2018년 1월까지 버틴다고 버텼지만 몸무게가 10킬로그램이 빠지고 잠 못 드는 날들과 불안이 신체화 증상까지 넘어와서 도저히 견딜 수 없는 지경이 되었다. 그래서 결국 휴직했고, K국에서 한국으로 돌아왔다.

본격적인 투병 끝에 3개월 만에 회복하고 복직했다. 하지만 행복은 오래가지 못했다. 2018년 8월 말경 다시 재발했고, 또 2019년 1월까지 다시 약을 복용하며 버텼지만 소용이 없어 직장에서 해고당할 각오를 하고 두 번째 휴직을 신청했다. '

집에서 가료하며 3개월을 버텼으나 중세는 더 심해져갔다. 다시 몸무게가 10킬로그램 가까이 빠지고, 끝내는 잠을 못 자고, 우울이 심해지고, 나중에는 이명 증세와 환청까지 왔다.

가장 견디기 힘든 건 역시 불안장애의 신체화 증상이 갈수록 심각해지는 것이었다. 도저히 견딜 수 없어서 내 발로 의사를 찾아가서 입원을 결정했고 한 달간의 병원 생활이 시작되었다.

2019년 4월 말 입원하여 한 달 병원에 있었고, 불안이 많이 잠재워져서 5월 말에 퇴원했다. 그리고 7월 1일자로 다시 직장에 복

평범한 직장인의 평범하지 않은 불안 다루기

귀했다.

두 번에 걸쳐 휴직을 허락해주고, 나를 기다려준 직장에 감사의 말을 전하고 싶다. 남은 인생은 결초보은의 심정으로 열심히 회사 생활을 할 생각이다.

나의 단약 기록은 병원에서 어느 정도 불안이 잡힌 이후 퇴원을 하고 그 후 꽤 오랜 시간 동안 감약을 시행한 기록이다. 구체적으로 처방받은 약의 이름과 하루 기준 복용 용량을 정리했다.

예를 들어 하루에 약을 두 번 먹었고, 아침보다는 저녁에 약을 좀 더 많이 먹더라도 하루 종일 기준으로 용량을 정리했으니 이 점 유념하기 바란다.

다음은 나의 감약 기록이다.

약명	미르탁스정30	렉사프로20	트리티코정25	쎄로켈정25	아티반정1	졸피람정10	명인디아제팜정2
효능	우울증개선제	항우울, 항불안	항우울	항우울	항우울, 항불안	불면증개선	항불안
2019. 4.	30	20	38	25	3	5	2
2019. 5.	30	20	50	25	3	5	2
2019. 6.	23	20	25	−	1	5	1
2019. 7.	23	20	25	−	1	5	1
2019. 8.	23	20	25				
2019. 9.	15	20					
2019. 10.	15	20					
2019. 11.	7.5	20					
2019. 12.	7.5	10					
2020. 1.	7.5	10					
2020. 2.	7.5	−					

이 중 렉사프로, 트리티코정, 쎄로켈정, 아티반정이 항우울제다. 나머지는 불안과 관련하여 처방이 이루어진 듯하다. 상기 약들의 복용 용량 단위는 당연히 ㎎이다.

이를 그래프로 그려보면 다음과 같이 된다.

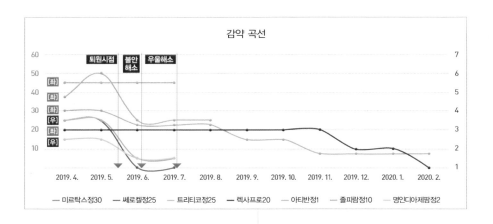

처음에는 나도 약 종류가 꽤나 많이 있었구나…. 상기 그래프에서 볼 수 있듯이 우울 해소는 2019년 7월 말 즈음에 끝났다. 불안도 마찬가지다.

하지만 트리티코정은 1달 동안 더 복용을 하고 단약하였으며, 미르탁스정과 렉사프로는 지속적으로 복용하면서 점진적으로 감약을 실시하였다. 무려 7개월에 걸친 감약 과정을 거친 것이다.

감약 과정에서 반드시 명심해야 할 것을 다음과 같이 정리해본다.

첫째, 감약은 철저하게 의사와의 상담을 통해 의사의 처방을 따른다. 그러기 위해서는 의사에 대한 신뢰가 대단히 중요한 것 같다.

둘째, 절대 서두르는 마음을 가지지 말라. 섣불리 감약했다가 불안 증세를 견디지 못해 또 증약하는 과정을 반복하는 것은 바람직하지 못하다. 감약 시간을 충분히 가지라.

세 번째가 가장 중요한 것이고 이 글을 통해 정말 내가 강조하고 싶은 것이다. 약에만 의존하지 말고 본인의 적극적인 의지를 150% 동원하라. 불안장애에 시달린 사람은 자신을 불안하게 만들었던 모든 요소들을 찾아 적극적으로 제거하려는 노력이 필요하다. 우울증에 시달린 사람 또한 자신을 우울하게 만들었던 모든 환경들을 바꾸려는 노력이 있어야 한다.

> ① 감약은 철저하게 의사와의 상담을 통해 의사의 처방을 따른다.
> ② 절대 서두르는 마음을 가지지 말라. 감약 시간을 충분히 가지라.
> ③ 약에만 의존하지 말고 본인의 적극적인 의지를 150% 동원하라.

나의 경험에 따르면, 항불안제나 항우울제를 복용하여 두 증세를 잡아주는 것은 절벽으로 떨어지는 사람에게 로프를 던져서 그 사람의 허리를 잠시 감아둔 것과 크게 다르지 않다.

많은 사람들이 단지 거기서 만족하고 일정 시간이 지난 후에 괜찮아진 듯하여 감약을 시행하면 마치 감겨 있던 로프를 푸는 것과 같아 다시 몸이 떨어지는 아찔함 같은 것을 경험하고는 다시 허리에 로프를 감는다(다시 원래대로 증약을 한다는 것이다).

그래서는 이 병에서 평생 벗어날 수 없다. 절벽에서 떨어지는 상황에서 허리에 로프가 감겨서 떨어지는 것을 면할 수 있었다면 그 다음 할 일은 죽을힘을 다해 로프를 이용하여 절벽을 올라오는 일이다.

물론 팔 힘이 충분치 않아 로프를 당기기가 쉽지 않을 것이다. 평상시에 운동을 하지 않아서 뱃살이 많이 나오고 과체중인 사람에게는 더 어려운 일일 것이다. 하지만 살기 위해 로프를 당겨 절벽을 올라야 한다. 그래야 살 수 있다.

나의 경우, 처음 불안장애를 극복할 때는 휴직하는 3개월 동안 하루도 안 빠지고 산에 올라가서 매일 3시간씩 배드민턴을 쳤다. 나중에는 운동을 너무 심하게 해서 계단을 걸어 올라가기가 어려울 정도로 운동을 했다. 다시 무릎과 허리 도수 치료를 받고 침을 맞아야 할 정도로 운동에 매달렸다.

두 번째 불안장애 때는 단순 육체 노동 속으로 나의 몸을 밀어 넣었다. 집에 오면 힘들어서 픽픽 쓰러져 잘 지경이었다.

그리고 틈만 나면 내가 행복을 느끼는 일을 찾아 그 일에 몰두했다. 처음 불안장애를 극복할 때는 색소폰 부는 일에 몰두하여 매일 한두 시간씩 산에 올라가 색소폰을 불었다. 산에서 내려오면 자전거를 타고 햇볕을 쐬러 밖으로 나가서 2~3시간씩 자전거를 탔다.

그렇다고 자전거를 타는 동안, 색소폰을 불고 산에서 내려오는 동안 내 우울감이 씻은 듯이 사라졌을까?

그렇다면 우리가 왜 우울증을 걱정하겠는가…. 극심한 우울감에 '내가 지금 뭐 하는 건가…. 이게 뭐라고… 무슨 도움이 된다고… 집에서 잠이나 잘 걸….'

온갖 잡념들에 시달렸다. 하지만 난 포기하지 않았다.

왜? 이렇게 병든 상태로 남은 인생을 약에 갇혀서, 우울에 사로잡혀서, 불안에 떨면서 살고 싶지는 않았기 때문이다.

힘들다.

하지만 힘들 때마다 힘을 내고 또 힘을 내야 한다. 우울감을 이겨내고 불안감을 떨쳐내기 위해 약에만 내 몸을 맡기지 말고, 내 몸이 다시 면역력을 키울 수 있도록 노력해야 한다.

면역력에 좋은 건강식품들도 난 가리지 않고 먹었다. 홍삼 외에도 면역력 증진에 도움이 된다는 각종 건강식품들을 챙겨 먹었다.

운동도 쉬지 않고 열심히 했고, 내가 내 인생이 즐겁다고 생각할 수 있는 이런저런 활동들을 꾸준히 했다.

그리고 힘들 때마다 다시 읽으며 기억하려 했다. 기억하는가? 이 문자 메시지를….

오빠~.

우울증도 몸의 일부가 아픈 병이니까 정신력으로 이기려 하지 말고(정신력으로 이겨내지 못한다고 조금의 자책도 하지 말고), 적극적으로 치료를 하면서 원인을 차단한 환경에서 지내다 보면 분명히 좋아질 거야! 현대 의학의 힘을 믿고, 또 뭐든지 잘 해왔던 오빠 자신을 믿고 힘들어도 다시 힘을 내고 또 힘을 내라~. 우리 주변에 만성질환 여러 개 가진 사람들 정말 많고 더 심각한 병으로 생사의 갈림길에서 고생하는 사람들도 정말 많잖아~. 이만하길 다행이라고 긍정적으로 생각하구....
'끌어당김의 법칙'이란 게 정말 있대~. 내가 생각하고 말하는 게 에너지가 있어서 그런 비슷한 에너지를 가진 일들을 계속 끌어당긴다네~. 긍정적인 에너지를 담은 밝은 생각, 행복한 생각을 많이 하자 오빠~.

그리고 나를 향한 하나님의 계획들을 생각하며 긍정의 메시지 들을 잃어버리지 않으려 노력하고 또 노력했다.

여러분 모두 나처럼 모든 불안장애와 우울증을 다 던져버리고, 행복하고 살아갈 만한 인생으로 회복되기를 기도한다.

힘을 내고 또 힘을 내자!

Episode 3

불안으로 점철된 내 인생은 젊은 청춘기에도 끝날 줄을 몰랐다. 그렇게 고3 시절 아버지가 돌아가시고 나는 서울로 대학을 왔다. 고등학교 선생님은 가정 형편을 생각해서 서울에서 학비가 가장 저렴한 서울시립대학교를 추천해주셨고 나는 단돈 100만 원을 들고 상경하여 고학으로 대학을 졸업했다.

그때는 젊었으므로 힘든 줄도 모르고 닥치는 대로 아르바이트를 했다. 업종을 가리지 않고 기회가 닿는 대로 돈이 되는 일이면 뭐든지 했다. 1학년을 마치고 동기들 중 가장 먼저 군대를 다녀왔다.

군대에서 제대하고 기쁜 마음에 김포공항에서 노모에게 전화를 걸었다. 없는 살림에 비행기를 타고 집으로 가고 싶을 만큼 제대가 기뻤고 그 기쁨을 노모와 나누고 싶었다. 수화기 너머에서 엄마의 목소리는 반가움보다는 걱정이 더 많았고 대화는 결코 길지 않았으며 노모의 한마디는 제대의 기쁨을 모두 앗아가기에 충분했다.

"너 제대하고 집에 오면 노는 입이 하나 더 늘어나니 걱정이다. 장남인 네가 빨리 내려와서 돈이라도 좀 벌어야 하지 않겠니?"

2년 2개월의 군 복무를 마치고 돌아가는 아들에게 던진 그 한마디는 두고두고 마음에 서운함으로 남았다. 집으로 돌아와서 딱 일주일을 빈둥거리다 돈을 벌러 다녔다.

내가 제대한 1997년 4월 그즈음에는 진주 시내 어디에나 아파트 공사가 한창이었다. 그래서 인력사무소를 통해 일용직 막노동 아르바이트를 다녔다. 그 당시 동생은 그런 형을 따라 같이 일을 다녔다. 군대를 가겠다고 휴학을 하고 입대 전까지 시간이 남아 그 시간이라도 돈을 벌어야겠다며 형을 따라나선 것이다.

석 달 동안 열심히 막노동을 했더니 돈이 제법 모였다. 그래서 나는 생각했다. 이제는 몸이 조금 편한 아르바이트를 하면서 공부를 좀 해야겠다는 위대한(?) 포부를 품은 것이다. 일용직 잡부를 그만두고 다른 아르바이트를 알아보다 꽃집 배달 아르바이트를 시작했다. 한마디로 꽃집 청년이 된 것이다.

적성에 맞았다. 운전도 워낙 좋아하고 꽃도 좋아해서 하루하루가 정말 행복했다. 꽃집 사장님도 예쁘시고 나에게 너무나 잘 해주셨다. 일용직 잡부에 비할 바는 아니었지만 한 달에 80만 원은 그리 적은 돈이 아니었다.

8월경이었을까, 꽃집 사장님이 갑자기 월급을 절반밖에 주지 못할 만큼 꽃이 팔리지 않는다며 이해해줄 수 있냐고 물어왔고 나는 그것도 받아들였다. 지나고 보면 그것이 하늘이 내게 그 일을 그만두라고 내린 복선이었을까…. 나는 곧 닥칠 내 인생의 가장 큰 불행을 예감하지 못했다.

여느 날처럼 꽃집 아르바이트를 이른 오후에 마치고 그날따라 일이 없어서 조금 일찍 퇴근했다. 엄마가 전화 와서는 월평 고모 댁에 심부름을 다녀오라고 했다. 가서 쌀을 팔아 오라는 것이었다.

나는 기쁜 마음으로 월평 고모 댁에 가서 인사하고 쌀을 팔아 왔다. 돌아오는 길에 정말 거짓말처럼 문대리라는 곳에서 잠시 망설였다. 문대리에서 진주로 오는 길은 두 가지인데 하나는 원지를 지나 진주로 들어가는 것이고 다른 하나는 고향 마을을 지날 수 있는 송계다리 삼거리를 지나 진주로 가는 것이었다.

문대리 삼거리에서 직진을 할 것인지 좌회전을 할 것인지 잠시 머뭇거리다 나는 핸들을 좌측으로 틀었다. 돌아가는 길에 고

향 마을을 보는 것도 나쁘지 않으리라는 마음으로 말이다. 고향 마을을 먼발치에서 바라보며 스쳐 지나 진주로 들어오기 위해 내리실 고개를 넘어가다 우측에서 걷고 있던 세 사람을 보았다. 여자애 한 명과 남자, 그리고 남자 어린아이.

나는 중앙선을 좌측으로 타고 넘으며 그들을 피해 가려 핸들을 좌측으로 돌리는 순간, 남자아이가 장난을 치는 모양인지 여자아이를 좌측으로 밀어버렸고 나는 피할 틈도 없이 그만 그 여자아이를 치고 말았다.

고막이 찢어질 듯한 타이어 마찰음 이후 둔탁하고 묵직한 충격이 차에 밀려들었다. 심장이 미친 듯이 뛰기 시작했다. 울고 있는 것인지, 말하고 있는 것인지, 괜찮냐며 깨웠지만 여자아이는 그 당시 의식이 없었고 나는 셋을 모두 차에 싣고 미친 듯이 진주 한일병원으로 달렸다.

운전을 하면서 옆을 돌아보며 연신 "괜찮아요?"를 외치며 그렇게 30분을 달려 한일병원에 도착했다. 그 정신에 운전을 어떻게 한 것인지 아직도 잘 기억이 나지 않고 그때의 아찔함은 지금 생각해도 도저히 상상이 되지 않는다. 세상이 그저 나에게 사형선고를 내린 것이라고나 할까.

여자아이를 병원에 내려놓고 나는 아무것도 할 수 없었다. 이 사실을 조금이라도 빨리 꽃집 사장에게 알려야 했다. 그리고 나는 꽃집에 우두커니 몇 시간이고 앉아 있었다. 그때 꽃집 사장이 뭐라고 했는지 나는 지금도 아무 기억이 없다. 그냥 뇌가 블랙아웃이 된 상태였던 것이다.

해가 질 무렵 "이제 그만 집에 가라"라는 꽃집 사장님의 말을 들고 집으로 갔지만 집에 앉아 있을 수 없어 도동교회에 갔다. 아버지도 없고 엄마조차 내가 기댈 언덕은 되지 못했는지 나는 그날 교회에서 밤을 새워 기도했다. 하지만 정작 교회에서 아무런 기도를 할 수 없었다. 우두커니 무릎만 꿇고 앉아 밤을 지새웠다.

하루 만에 교회에도 소문이 퍼졌다. 어떤 집사님은 내게 "이 사건이 형제를 하나님의 종으로 부르기 위한 신호가 아닐까요?"라고 이야기하기도 했다. 그 후 오랫동안 이 사건은 항상 나의 기도 속에 절대자에 대한 원망과 질문으로 남았다. 이 사건이 내 의식 속에서 무의식 저 아래로 가라앉아 망각이라는 은혜를 입을 때까지 말이다.

하지만 내 인생에 가장 큰 아픔이자 충격이었던 이 사건은 그후로도 두고두고 나를 괴롭혔다. 나는 두 달 동안 아예 대문 밖 출입을 하지 않았다. 도저히 엄두가 나지 않았다.

세상이 무서웠다.

차가 무서웠다.

내가 무서웠다.

용기를 내어 대문 밖을 딱 한 번 나가본 적이 있지만 택시를 타고는 그 속도를 견디기 힘들었고 대형 버스 뒤에서 달리는 택시 안에서는 나도 모르게 잔뜩 움츠리고 겁을 먹는 자신을 발견하게 되었다.

두 달 동안 지독한 잠 속으로 나를 밀어넣었다. 먹고 자고, 먹고 자고. 너무 자서 더 이상 잠이 오지 않으면 텔레비전을 보면서 밤을 지새웠다. 눈이 충혈되고 피곤이 몰려오면 그 힘으로 잠을 청했다. 하지만 잠이 달콤할 리 없었다. 꿈속에서 자꾸만 악몽을 꾸기 때문이었다.

그 악몽은 대학을 졸업할 때까지도 계속되었다. 다시 돌아온 캠퍼스는 더 이상 내게 행복하고 낭만이 가득찬 곳이 아니었다.

밤마다 꿈속에서는 온갖 악몽들이 죽어라 나를 쫓아다녔다. 하루는 돌아가신 아버지가 밧줄에 꽁꽁 묶여서 수많은 무리들로부터 엄청나게 구타를 당하시는 걸 지켜보다 울부짖으며 깼고, 어떤 날에는 돌아가신 할아버지의 슬픈 얼굴을 보았고, 어떤 날에는 꿈속에서 잠을 자다가 눈을 떴는데 내 바로 위에 관짝이 놓여 있고 그 관 뚜껑이 열려 있었는데 그 안에서 시체가 잿빛 얼굴로 나를 내려다보고 있었다. 그 얼굴은 내 얼굴과 차마 30센티미터도 떨어져 있지 않아 시체의 차가움이 내 얼굴에 닿는 듯하였다.

비명을 지르며 깨면 귀신같이 새벽 3시였다. 나는 그 생활을 6개월 이상을 견뎌야 했다. 어느 순간부터는 잠들기가 무서웠다. 다시 악몽을 꾸고 깰까 봐.

참았다. 사람을 친 대가로 내가 치러야 할 징벌이라고 생각했다. 그런 엄청난 일을 겪고도 인생이 살아진다는 것이 참 놀랍고 은혜스러울 뿐이다. 지금 운전을 즐기고 아이들과 여행을 자주 다니고 주말이면 직장 동료들과 라운딩을 다니면서 운전대를 잡는 나 자신이 그저 감사하고 대견스러울 뿐이다.

그렇게 내겐 삶을 살아간다는 것이 결코 만만하지 않았다. 세상일은 예고 없이 별안간 우리 삶에 고통과 슬픔과 아픔, 때로는 말로 위로될 수 없는 엄청난 생채기를 우리의 육신과 마음에 새겨 놓기 때문이다.

그러나 그럼에도 불구하고 우리는 한 생애를 살아가고 있다.

평범한 직장인의 평범하지 않은 불안 다루기

때로는 삶은 살아지는 것이다. 그것이 은혜이고 또 그런 것이 인생이다.

그런 탓일까!

나는 회사 앞 어느 가정식 백반집 벽면에 걸려 있던 글귀를 참 좋아했다.

우리 식당에 오시는 손님은 단순히 고객 한 명이 아니다.
한 사람의 인생이 걸어오는 것이다.

그렇게 우리는 우리에게 주어진 인생을 살아내고 있다. 우여곡절로 그득한 인생길을 이 나이, 이때까지 살아왔고 버텨왔다는 그 사실 하나만으로도 충분히 존중받을 가치가 있는 것이라 믿는다.

IV

불안장애 끝장내기

1.   양태를 달리하는 불안, 잡을 수 있을까

2020년 2월 말부터 단약에 들어갔고 나는 예전의 일상으로 돌아갔다. 모든 것이 순조로웠고 아팠던 기간 동안 누르고 참았던 내 삶에 대한 열정을 다시 불태웠다. 블로그도 열심히 하고, 자기 계발도 열심히, 운동도 열심히, 가족들에게도 충실하려 최대한 노력했다. 특히 2022년에는 골프에 많은 공을 들였다.

그렇게 불안이라는 증세는 다시는 내게 돌아오지 않을 것만 같았다. 하지만 9월 말부터 조금은 생소한, 양태를 달리하는 불안이라는 녀석이 다시 찾아온 것 같다.

사실 처음에는 불안이 아니었던 것 같다. 정말 생소했는데… 처음에는 의기소침 같은, 어찌 보면 우울감 같은 모습으로 다가왔다.

그리고 어느 날 몸을 무리하게 움직인 날이 있었다. 일요일 아침 일찍 일어나 교회에 가서 예배를 드리고 끝나자마자 바로 배드민턴을 치러 갔다. 배드민턴을 3시간 치고 집으로 돌아와서 점심을 먹고 2시간 낮잠을 즐겼다.

그리고 다시 골프 약속이 있어서 일요일 오후 스카이72로 라운딩을 떠났다. 골프는 예상 시간보다 훨씬 늦게 끝이 나서 11시 30분쯤 끝이 났고 집에는 12시 20분쯤 왔다.

그리고 그다음 날은 당연히 출근했다. 출근하고 돌아온 날 저녁, 우울감도 아니고 불안감도 아닌, 한 번도 경험해보지 못한 이상한 감정에 휩싸였는데… 그 느낌은 차라리 공황에 가까운 느낌이었다.

그 이후로 한 번 더 몸을 무리하게 쓴 일이 있다. 가족들과 여행을 다녀오는 1박 2일 동안 차량 정체로 인해 10시간을 넘게 운전한 적이 있다. 그리고 또 그다음에 골프가 있었다. 그리고 그 이상한 감정이 다시 찾아왔다. 공황 같은 느낌…. 마치 댐의 수위가 찰랑찰랑 위험수위를 넘나드는 듯하다고밖에 비유할 수 없는… 내가 인내할 수 있는 감정의 기복? 감정의 폭을 살짝살짝 넘는 듯한 불안함….

병원을 다시 찾아야겠다고 생각했다. 병원에 가서 의사 선생님을 만나니 그분의 표현은 무심할 정도로 간단했다.

"환자분들이 재발이라는 표현을 자주 쓰는데요, 그게 아니라 그냥 몸의 컨디션이 안 좋으니까 예전의 상처가 덧나는 것처럼 불안이 다시 올라오는 것뿐입니다. 뭐랄까… 불안의 심지에 다시 불이 붙은 거라고나 할까…. 약 좀 써서 다시 끄면 돼요…."

최소한의 약만을 처방받아 다시 불안을 잠재웠다. 이제는 정말 나이가 들었다는 생각에 이르게 됐다. 아직은 하고 싶은 일이 너무나 많고 더 즐기고 싶은 것이 많은데…. 이제 체력이 받쳐주지 않는다는 생각을 했다.

몸의 컨디션이 안 좋을 때마다 올라오는 약간의 불안은 예전의 불안장애의 고통과 트라우마를 기억나게 하기에 충분했다…. 다시 느끼는 불안은 또다시 예기불안으로 이어지기도 했다.

예기불안은 정말 골치 아픈 현상이다. 소위 불안할까 봐 불안한 거니까…. 다행히 최소한의 약만으로도 불안은 거의 잡혀가고 있다.

이 모든 과정들을 내 몸이 다시 정상으로 돌아가기 위한 과정으로 이해하려 한다. 그리고 우리네 인생이라는 것 자체가 어차피 불안의 연속이고, 인생이라는 것 자체가 불안 아니던가. 우리가 언제 죽을지, 언제 갑자기 직장을 잃게 될지, 자식을 먼저 앞세우게 될지, 교통사고를 당하게 될지 우리가 아는 것이 무엇인가 말이다. 그렇다고 불안 속에 갇혀 살 수 없으니, 불안에 지고 살 수 없으니 난 다시 살 방법을 찾고 있다.

먼저는 몸의 면역력을 개선하기 위해서 애터미 헤모힘을 먹고 있다. 스트레스로 인해 몸의 면역력이 무너지는 것 또한 불안을 불러오는 경로 중 하나라는 생각에서 앞으로도 열심히 먹어볼 생각이다. 생각보다 가격도 크게 부담이 되지 않는다.

두 번째로는 심신의 안정을 도와주는 요가를 실천하려 한다. 유튜브에 들어가서 '심신 안정 요가'를 치면 수많은 요가 동작들이 나온다. 강의도 엄청나다. 먼저 실천하고 있는 것은 연꽃 자세로 앉아 있는 연습이다. 그리고 시간이 날 때마다 이 모든 강의를 들으며 몸을, 내 마음을 위로할 생각이다.

[ENG SUB] 마음이 안정되는 베드타임 요가 | 심신이완 불면 숙면 | Bedtime Yoga Routine

우울하고 불안한 마음을 회복하는 요가 스트레칭 | 30분 통증 완화 요가 | 요가소년 311

(요가쿤) 지친 마음을 달래는 10분 요가 / 우울증 명상, 10분명상, 공황장애, 자존감

하루 종일 쌓인 스트레스 풀고 주무세요 (휴식 · 회복 · 해소 · 명상) | 10분 베드타임 요가 | 요가소년 040

　

　세 번째는 음악 치료를 해보려 한다. 사실 이 세 번째 방법을 써본 적은 아직 한 번도 없다. 이제 시작한 방법인데, 생각보다 효과가 있을 듯하다. 이제는 운전을 할 때도 가급적 클래식을 들으며 하려고 한다. 막히는 도심에서 꽉 막힌 도로를 보는 일도 사실 알고 보면 우리에게 무의식적인 스트레스로 다가오기 마련이므로⋯ 이 역시 유튜브에 정말 많은 종류의 음악들이 올라와 있다.

　경우에 따라서는 7080 노래들도 묘한 심적 안정감을 안겨주기도 한다는 것을 경험으로 알게 되었다. 회사 동료들과 회식을 마치고 빵빵한 배를 부여잡고 집으로 돌아가는 길, 피곤에 지친 몸을 이끌고 지하철을 탈 자신이 없어 택시를 탔는데 조금씩 가슴이 답답해지면서 예기불안이 시작된 적이 있었다. 당시 택시 기사분이 나이가 지긋했는데 7080 발라드풍 노래를 듣고 있었다.

　평범한 직장인의 평범하지 않은 불안 다루기

이유를 알 수는 없지만 묘하게 기분이 약간 안정되는 것 같아 기사분께 음악 소리를 키워달라고 했고 눈을 감고 차창에 머리를 기대고 깊은숨을 내쉬며 머리를 비우려 노력했더니 답답한 가슴이 조금씩 내려가는 것을 경험한 적이 있다. 그 이후로 운전 중에 갑자기 마음이 어려워지거나 가슴이 답답해져오는 경우에는 유튜브에서 7080 노래를 틀어 듣고 다니는 임시처방법을 사용하고 있다.

불안장애나 공황장애, 우울증이 다른 질병들보다 심각하고 또 심각하게 다뤄야 하는 이유는 다른 질병과는 다르게 환자의 투병 의지를 모두 꺾어버리는 질환이라는 점이다. 불안이나 공황, 우울로 인한 증상들은 우리의 감정을 송두리째 흔들어버리기 때문에 오랜 우울이나 공황을 겪는 환우들은 끝내 스스로의 삶을 제 손으로 끝내버리고 마는 참극을 불러오는 경향이 크기 때문이다. 아무것도 못 할 것 같고, 집중할 수 없고, 너무나 우울하여 고개를 들 수 없으니 '의지'라는 녀석을 동원할 수 없다.

네 번째는 불안할 때마다 자꾸 화장실을 가게 되고, 화장실에 시도 때도 없이 가다 보니 예기불안이 생기는 현상이 있어 이를 적극적으로 치료하려 한다. 그동안 사실 몇 번이나 치료하려 했으나 중도에 포기했던 신경성 대장염 증세를 치료하기 위해 프로바이오틱스를 꾸준히 복용하려 한다. 벌써 복용한 지 두 달이 되어가는데, 조금씩 조금씩 장 환경이 개선되고 있다는 것을 체감할 수 있다. 언젠가는 장에 대한 예기불안도 잡아낼 수 있을 거라는 확신이 든다.

이 책에서 계속 강조했지만 불안장애의 증상과 극복에 있어 제일 중요한 것은 현대 의학을 믿고, 힘을 내고 또 힘을 내야 한다는 것이다. 그리고 증상이 어느 정도 잡혔을 때에는 최선을 다해 자신의 기초 면역력과 신경 체계를 정상으로 돌리기 위한 모든 노력을 게을리하지 말아야 한다는 것이다.

자주 다니던 병원의 의사가, 내 증세가 정말 심각할 때(병원에 드러누워 미래를 기약할 수 없는 엄청난 불안 속에 휩싸여 눈동자마저 흔들리는) 내게 줄기차게 들려준 말이 있다.

"지금은 전혀 믿어지지 않겠지만… 상상도 안 되겠지만… 반드시 나을 거고 사회로 돌아가서 다시 건강하게 일할 수 있어요…. 걱정하지 마세요."

난 지금 그 의사의 말대로 사회에서 건강하게(?) 오늘도 추운 날씨에 궁시렁거리며 출근하고, 또 일하고 있다….

2. 거듭되는 불안장애의 재발, 몸이 기억하는 불안이 있다?

2017년 9월 처음 발병한 불안장애는 지금 와서 생각해보면 수년 전부터 예후가 있었다. 업무에서 오는 스트레스와 압박으로 인해 불안장애가 발생하고 이로 인해 두 번의 휴직 기간을 거쳤고 두 번의 단약을 성공적으로 끝냈지만 그 이후에도 조금씩 불안이 다시 찾아들어 나를 괴롭혔다.

2020년 여름 휴가를 갔을 즈음에도 나는 여전히 불안에 시달려야만 했고 가족과의 단란한 여름휴가가 나에게는 쉼이라기보다 불안과의 끊임없는 싸움을 해야 하는 시간들로 점철되었다.

나의 불안은 왜 쉽사리 끝나지 않는 것일까. 불안장애는 왜 끊임없이 재발하는 것일까….

양약은 때로는 억제하고 때로는 활성화시키면서 결국 현상을 잡아주는 역할을 할 뿐 내 마음속 불안을 원천적으로 없애지 않는 한 나는 결코 불안장애로부터 놓여날 수 없을 것만 같았다. 2021년에도 불안장애는 계속 재발하였고 내 삶의 질은 너무나 떨어졌다. 이렇게 살 수는 없을 것 같아서 나는 아는 사람의 소개를 통해 전문 심리상담을 받아보기로 했다.

전문 심리상담 비용이 그리 싼 것은 결코 아니어서 한 번씩 상담을 받을 때마다 추가 상담 여부를 고민해야 했지만 전문 심리상담을 받고 상담실을 나설 때에는 다음 상담을 또 와야겠다고 다짐하며 상담실을 나섰다.

이 글에서 내가 이야기하고 싶은 것은, 불안장애의 잦은 재발을 가져오게 된 주요 원인 중 하나인 몸이 기억하는 불안에 대한 것이다. 전문 심리상담사와 이야기를 하면서 우리가 인지하고 있는 현실 가운데에는 불안의 원인이 될 만한 요소들이 전혀 없음에도 불구하고 우리가 잦은 불안장애에 시달리는 이유 중 하나는 우리의 몸이 기억하는 불안이 있기 때문이며, 그 몸이 기억하는 불안을 찾아서 제거하는 것이 필요하다고 설명했다.

세 번째 상담을 갔을 때였던 것으로 기억한다. 전문 심리상담사가 나에게 그런 이야기를 했다.

"우리 몸은 기억하고 있지만 우리의 지각 체계는 전혀 인지하지 못하고 있는, 몸 안에 아로새겨진 불안이 있습니다. 그래서 우리가 더 잦은 불안장애의 재발을 경험하게 되는 경우도 있습니다."

평범한 직장인의 평범하지 않은 불안 다루기

처음 이 말을 들었을 때 나는 전혀 이해가 되지 않았다.

'몸이 기억하는 불안이 있다고?'

우리는 상담 전문 강의실로 이동하여 몸이 기억하는 불안을 증명해보기로 했다. 상담 선생님은 나를 강의실 한 켠에 앉혀두고는 이렇게 설명을 이어갔다.

"자, 지금부터 내가 당신에게 한 걸음씩 한 걸음씩 걸어갈 겁니다. 내가 한 발자국 한 발자국 당신에게 걸어가는 동안 당신에게 어떤 변화라도 일어난다면 그 변화를 내게 말씀해주시면 됩니다. 여기서 변화란 떠오르는 생각, 느낌, 기억, 장면, 순간, 나에 대한 감정 변화, 신경의 변화, 심경의 변화, 그 어떤 것도 상관이 없습니다. 고요하고 평온한 상태를 깨는 그 어떤 순간이라도 즉시 저에게 말씀해주시기 바랍니다."

그리고 상담 선생님은 나에게 한 걸음씩 다가왔고 다음 한 걸음을 내딛을 때에는 반드시 나의 허락을 받고 움직였다.

"자, 여기까지 아무런 생각이나 느낌의 변화가 없으신 거 맞으시죠? 그럼 한 발자국만 더 이동해 가까이 다가가겠습니다."

이 작업은 상당히 느린 속도로 진행이 되었다. 처음에는 아무런 느낌도 생각도 없었다. 하지만 어느 정도의 거리에 다가오기 시작하자 내 마음에, 내 몸에 이상한 변화가 감지되는 것이 아닌가.

가장 먼저 드는 생각은, 그 사람의 움직임이 너무 꼴 보기 싫다는 것이었다. 한 발 한 발 천천히 다가오며 자연스레 아래위로 몸이 흔들리는 모양새처럼 보였고 무슨 이유에서인지 그 움직임 자체가 너무 거북했다.

상담 선생님의 어깨가 너무나 꼴 보기 싫고, 한 대 때려주고 싶은 마음이 드는 것이 아닌가…. 그리고 조금 더 다가왔을 때는 더 이상 이 테스트를 진행하고 싶은 마음이 들지 않고 당장 때려치우고 싶어졌다.

"선생님, 이거 그만하시죠…. 너무 하기 싫습니다…. 선생님 모습도 너무 꼴 보기 싫어졌습니다."

나는 가만히 의자에 앉아 있기가 싫어졌다. 당장 이 강의실을 뛰쳐나가고 싶었다.

선생님이 묻는다.

"저는 여자입니다. 당신은 남자입니다. 저는 이미 육십을 넘은 나이이고 당신은 한창이지요…. 당신은 이제 오늘로써 세 번째 나를 만났으니 나에 대해 아는 것이 없고 저도 당신을 알아가고 있습니다. 제가 지금 당신에게 다가간다고 하여 당신을 해칠 가능성은 제로입니다. 그리고 나의 이러한 움직임이 당신에게 꼴 보기 싫을 이유도, 당신이 이 테스트를 그만할 이유도 없습니다. 이 상담실은 당신이 자원하여 찾아온 곳이고 이 시간도 당신이 비용을 지불하고 함께하고 있기 때문입니다. 그런데 당신은 왜 이 테스트가 하기 싫어지고 제 모습이 꼴 보기 싫어졌을까요?"

나는 마땅히 대답할 그 무언가를 찾지 못한 채 그저 이렇게 말했다.

"그냥 하기 싫습니다. 이유를 생각하기도 싫어요. 그냥 그만하시죠…"

나의 말투에는 나도 모르게 노기(怒氣)가 묻어나기 시작했다. 상담 선생님이 마지막으로 딱 한마디 질문만 하고 이 시간을 마무리하자고 했다.

"지금 당신의 감정이 급격히 싫어진 이 거리, 2~3미터 거리에서 당신이 가장 꼴 보기 싫은 사람이 있었나요?"

나는 뒷통수를 한 대 얻어맞는 기분이었다. 그 거리에서 내가 가장 꼴 보기 싫어했던 한 사람이 생각났기 때문이다.

그렇게 그날 나는 내 몸이 기억하는 불안장애 요소를 마주하게 되었고 상담 시간을 통해 그것을 마주하고 직면하는 시간을 가졌다.

놀라웠다. 내 몸이 기억하는 불안이 있었다니…. 그렇게 나는 내 안에, 내 몸이 기억하는 불안을 상담을 통해 하나씩 하나씩 제거해나가는 시간을 가졌다.

평범한 직장인의 평범하지 않은 불안 다루기

3. 불안과의 동행을 끝낼 수 있을까

내가 기억하기로는 2017년 8월 즈음이었던 것으로 기억한다. 불안이라는 친숙한 감정이 조금씩 내 마음을 갉아먹기 시작하더니 마음을 넘어 육체도 조금씩 갉아먹기 시작한 것 말이다.

여기서 육체를 갉아먹는다는 것은 불안의 신체화 증상이 심화되기 시작했다는 것을 뜻하는데 예를 들어 불안한 마음이 지나쳐 잠을 이룰 수 없고 밥을 넘기기도 쉽지가 않게 된다. 물론 이보다 더 견딜 수 없는 신체화 증상들도 있는데 양팔과 가슴팍에 저림이 계속되면서 맥이 빨라지기도 한다. 급기야는 명치 윗부분에서 A4 용지 날카로운 끝면에 손가락이 베인 듯한 고통이 24시간 계속되는 것이다. 이 심각한 불안 증상의 신체화 현상은 겪어보지 않은 사람은 절대 이해할 수 없다.

그 후 두 번의 휴직(한 번은 3개월, 한 번은 5개월을 쉬어야 했다)을 겪으면서도 나는 불안에서 헤어날 수 없었다. 단약이라는 고통스런 과정을 거쳐 두세 번에 걸쳐 회복했지만 한번 강하게 타격을 받아 훼손된 듯한 신경은 더 이상 예전의 신경이 아니었다.

자그마한 스트레스도 제대로 견뎌내지 못할 정도로 약해져 있었고 심지어 몸이 피곤한 경우에도 불안이 재차 올라왔다. 가족들과 신나는 여름휴가를 떠나는 중에도 몸은 불안으로 잔뜩 움츠러들었고, 운전대를 잡은 손은 긴장과 불안으로 땀에 젖기 일쑤였다. 그나마 다행인 것은 약을 먹으면 생각보다 쉽게, 빠르게 불안을 잡을 수 있었다는 점이다.

거듭되는 불안을 잡기 위해 10번이 넘는 심리상담도 받고 아침마다 요가로 내 몸을 돌아보았다. 하지만 불안은 항상 내 주위를 맴돌며 잊을 만하면 '벌써 나를 잊은 거 아니지? 나 옆에 항상 있다. 기억해'라고 말하는 듯이 재발하고 또 재발했다.

최근에는 2022년 12월에 단약을 하고 5개월 정도는 행복하게 잘 살았다. 하지만 단약 이후 약 기운이 떨어지는 듯한 느낌과 함께 몸의 긴장감이 조금씩 조금씩 높아져감을 느낄 수 있었다. 딱히 불안증이라고까지는 말할 순 없지만(의학적으로는 당연히 이런 말은 없다) 불안경계성 불안이라고 말하면 좋을까….

그러던 중 감사팀으로 부서 이동을 했고 새로운 업무에 적응하고 감사차 전국을 돌아다니는 일이 내 몸의 긴장을 더욱 고조시

킨 듯하다. 의식적으로야 긴장되는 것이 별로 없지만 낯선 환경에
서 잠을 자고 밥을 먹고 차를 타고 돌아다니는 일은 내 온몸에 잔
뜩 긴장을 몰고 오기에 충분한 환경이었다.

그러다가 결국 극도의 긴장감으로 3~4일 동안 제대로 소화를
시키지 못하는 일이 발생했다. 바로 싱가포르 3박 4일 출장이 그
것이었다.

왼쪽: 마리나 베이샌즈 호텔 뒤에 조성된 정원인데 슈퍼트리라는 것이다.
　　　 환상적이고 몽환적이다
오른쪽: 싱가폴 하면 절대 잊을 수 없는 사자 동상. 일명 머라이언 동상이다

그 출장 또한 그렇게 긴장할 이슈가 있었던 것도 아닌데 몸은 잔뜩 긴장했고 나흘 내내 소화가 되지 않아 힘들었고 강박적으로 화장실을 자주 들락거렸다. 이래선 안 되겠다 싶어서 다시 약을 먹어 신경을 안정시켜야겠다는 생각을 했다.

벌써 몇 번의 단약에 몇 번의 재발인가… 다행스러운 점은 이제는 재발하더라도 약을 먹으면 이틀 혹은 사흘만에 불안이 잡힌다는 사실이다.

그동안 이 계통의 약을 먹어온 탓이어서 그런지 불안이 그리 심하지도 않고(사실 지난주 어느 하루는 정말 불안의 강도가 세긴 했지만 딱 그날 하루뿐이었다) 며칠의 복약만으로도 쉽게 잡힌다.

하지만 불안이 올라올 때의 그 정서적인 흔들림은 언제 경험해도 그리 유쾌하지 않다. 아마도 평생 적응하지 못할 감정일 것이다.

그렇게 나는 나의 몸을 달래며 살아야 할 운명을 가지게 된 것이다. 그런 나의 운명에서 좀 더 적극적으로 탈출해보고자 이번에는 한약을 통한 한방 치료를 겸하고 있다. 이 사실을 의사 선생님이 알게 된다면 큰일 날 일이라고 노발대발할 일이지만 일주일쯤 지난 지금까지 그리 예후가 나쁘지는 않다.

마리나 베이 샌즈 호텔이다. 우리나라 쌍용건설에서 지어서 더 유명해진 건물인데 현지인의 말에 따르면 저 옆으로 똑같은 모양의 건물이 하나 더 지어질 계획이라고 한다. 5~6년 전 1박에 50만 원 정도 했었는데, 지금은 백만 원이 넘어감에도 불구하고 방 구하기가 힘들다고 한다. 아마도 저 꼭대기에 있는 배 모양의 수영장이 큰 역할을 하고 있음이 분명하다. 아무것도 없는 싱가포르를 동남아 관광지로 각광받게 만들어내는 싱가포르 사람들의 창의성이 더없이 부러울 뿐이다

일단 양약을 절반으로 줄일 수 있었다. 처음에는 약을 저녁에만 먹었지만 그것만으로는 불안해진 내 신경이 안정되지 않아 증약을 했고 횟수도 하루에 2번으로 올렸다. 하지만 지금은 증약된 약은 그대로 하고 저녁에 하루 한 번만 먹고 있다. 약간 불안이 심하게 올라올 것 같은 조짐이 들면 그냥 스스럼 없이 약을 한 번 더 먹는다.

한약을 딱 눈 감고 두 달은 먹어볼 생각이다. 혹시 아는가? 내가 평생 동안 신경성 대장염으로 고생하면서 평생 화장실 위치를

기억하며 다니던 그 시절의 고통을 80% 이상 감소시켜준, 고맙고 능력 있는 한의사이기에 한번 불안 약을 먹으면 죽을 때까지 쉽게 그 약을 끊지 못한다는 이 불안도 80% 이상 잠재워줄 수 있을지 누가 알겠는가….

한약과 양약을 겸해 먹으면서 분명해지는 사실 하나는 있다. 확실히 신경에 작용하는 양약은 신경을 무디게 만드는 기전을 일으키므로 약간의 기억력 감퇴, 무기력, 온몸의 기력이 약간 빠지는 듯한, 마치 풍선 인형 안의 공기가 약간씩 빠져 어느새 제대로 서 있기도 힘든 것처럼 그렇게 서서히 온몸의 신경을 무디게 만드는 그 무언가가 있다. 그래서 어느 순간 계단을 올라가는 일이 무척이나 피곤하고 무기력하고 힘들게 되는 날이 오더라는 것.

하지만 한약을 먹으면서 양약을 약간 줄이고 나니 계단을 오르는 일이 그리 힘든 것만은 아닌 일이 되었다는 사실이다. 그리고 이제는 다시 블로그에 글을 적는 일을 시작했고, 아들과의 배드민턴도 열심히 하는 중이다.

요즘 둘째 아들이 부쩍 헬스를 하고 싶어한다. 나도 그 옆에서 다시 헬스를 조금 해봐야겠다. 불안을 튼튼한 육체로 다스릴 수 있기를 바라며….

올해 나는 불안과의 동행에 영원한 이별을 고할 수 있을 것인가…. 생각보다 불안에 대한 나의 포스팅은 계속되고 있는 셈이다.

4. 불안, 이제는 다룰 수 있다

참 긴 세월이었다. 불안이라는 녀석을 처음 병으로 맞이한 이후로 6년이란 세월이 흘렀다.

처음 불안이라는 녀석을 병으로 맞았을 때 난 세월이 이리도 많이 흐를 거라곤 예상하지 못했다. 흔히 남들이 말하는, 출근하기 싫은 일요일 저녁 무렵 느끼는 불편한 감정까지 불안이라고 부를 수 있다면 그 세월은 훨씬 더 오래되었다. 어린 시절 그다지 화목하지 못했던 가정 환경으로 인해 대문 앞 저 멀리서부터 들려오던 살림살이 부서지는 소리를 따라 가슴이 두근거리던 그 시절들을 불안이라 부를 수 있다면 어쩌면 내 인생은 내 기억이 존재하기 시작한 아주 어린 유년 시절까지 올라가야 할 것이다.

하지만 인생에서 그 많은 불안들을 다 정의하기에는 시간도 없고, 그것들까지 불안이라 부르기에는 불안의 범위가 너무 광대하다. 따라서 나는 이 글에서 내가 감히 병이라고 부를 만한 불안, 다시 말해 나의 의지나 생각과는 상관없이 신체화라는 이름으로 내 몸 깊숙이 들어와 숙환으로 자리 잡기 시작한 것을 불안이라 부르고 그 불안을 다루는 법에 대해, 내가 극복해간 과정에 대해 이야기하려 한다.

다시 말하지만 불안은 결코 나약한 정신력의 문제는 결코 아니라는 점을 서두에 분명히 했다. 요즘 내가 어떻게 불안을 다스리고 극복을 향한 발걸음을 어찌 걸어가고 있는지를 나누고자 한다.

이미 나는 앞에서 나의 불안이 계속 재발하고 있다는 사실을 이야기한 적이 있다. 가장 최근에 나는 싱가포르 출장 이후 다시 재발하는 불안으로 불안해야 했다.

하지만 처음 신체화로 진행되며 휴직이라는 최악의 사태를 불러올 그 당시의 불안과 최근 잦은 재발이 불러오는 불안에는 양상이 다른 측면이 있지만 강도는 약해졌으며, 불안이 올라올 것 같은 예후 과정이 약간 길어서 사전에 어떤 식으로든 대응이 가능하게 되고 있다.

이를테면 약을 먹든지, 긴 호흡으로 신체의 긴장을 줄이든지, 장소가 허락되면 간단한 요가로 몸을 풀어주고, 상담 과정에서 배운 시선 처리법을 이용할 때도 있다. 또한 긴 투병 생활로 인해 생긴 한두 가지 강박 증세가 있고, 그 강박 증세로 인해 불안이 올라오거나 호흡이 가빠지려 할 때는 정말 우연히 발견한 나만의 마음달램법인 7080 가요 듣기 등을 사용하기도 한다.

긴장과 불안은 우리의 의식과는 아무런 상관이 없다. 그저 몸이 기억하는 불안일 때가 훨씬 많기 때문이다.

아니다. 이런 표현은 사실 정확하지 않다. 더 정확한 표현은, 우리의 의식이 긴장할 때 의식과 감정이 느끼는 불안이라는 개념과 몸이 어떤 상황에 처했을 때 내 몸 스스로가 반응하기 시작하는 불안은 엄연히 다르다는 표현이 더 맞을지도 모른다. 어쩌면 그 기전의 기저에는 의식과 감정이 몸과 보이지 않는 그 무엇으로 단단히 연결되어 있다고 여겨질 수도 있다. 그러나 의식의 영역에서는 전혀 긴장하지 않기에 스스로가 느끼는 괴리는 더욱 크다. '별일도 아닌 일에 내 몸이 왜 이리 긴장하는 걸까' 하는 식이다.

예를 들면 지난주에 사내 강의를 1.5시간씩 6시간을 했는데 그중 절반은 나보다 훨씬 후배인 직장 부하들을 데리고 내가 하고 있는 업무를 그저 설명하는 강의를 했었고, 아무런 어려움을 못 느낄 정도(이 업무를 시작한 지 벌써 5년이 넘었기 때문에)였지만 내 몸은 긴장 상태로 돌입하는 것과 같다. 이는 가족들과 즐거운 여름휴가를 떠나면서도 동일하게 벌어지는 일이다. 정말 어처구니가 없는 일이 아니고 무엇인가.

즐거운 사람들과 즐거운 라운딩을 하면서도 불안은 가끔씩 고개를 쑥 내밀고서는 나에게 장난을 걸어온다.

'골프 잘 치고 있니? 여기서는 화장실 못 가는 거 알지? 갑자기 배가 아프면 넌 × 되는 거야…'라며 짓궂은 강박을 머릿속에 남기고 떠난다. 그리고 몸은 그 강박에 그만 불안을 내어주고 마는 것이다.

때로 몸은 어떤 이벤트로 기분이 고조되기도 하고, 혹은 무언가를 잘하기 위해 정신을 한곳으로 모은 탓에 긴장하기도 한다. 그런데 그것을 두려움이나 염려, 불안에서 해방되기 위해 몸 스스로가 긴장하는 것과 구분하지 못한 채 동일한 각성과 불안에 휩싸이기도 하는 우를 곧잘 범한다(가족들과 즐거운 여름휴가를 떠나는 일조차 내 몸이 긴장과 불안으로 요동칠 때면 정말 원초적인 삶의 회의가 밀려올 지경이다).

결국 앞에서 이야기한 것처럼 나는 거듭 재발하는 불안, 잡아도 잡아도 끝날 것 같지 않은 이 투쟁을 종식시키고자 한약 처방을 선택했다. 물론 나 자신도 알고 있다. 한약 처방을 받는다는 사실을 의사가 알게 된다면 자신의 병원에 절대 나를 들이지 않을 것이다. 그리고 이미 카페에서도 물어봤지만 양약과 한약을 동시에 복용하게 되면 간에 무리가 간다는 주위 사람들의 진심 어린 충고도 모르는 바가 아니다.

그럼에도 불구하고 한약과 양약을 동시에 써보기로 한 이유는 두 가지다.

첫째는, 한약을 복용하고 일주일 만에 아침과 저녁에 먹던 양약을 절반으로 줄일 수 있었다. 현재 내가 복용 중인 양약은 중독성이 강한 알프람정 0.5와 로라제팜 0.5, 그리고 아미트립틸렌 5mg이다. 그걸 한 방에 절반으로 줄인 것이다.

둘째는, 이걸 줄이고 한약을 먹으면서 비로소 나는 계단을 올라 갈 수 있는 체력과 의지가 생기기 시작했다. 한약을 먹지 않고 오 로지 양약에만 의존했을 때 양약을 복용하는 데서 오는 부작용이 몇 가지 있었는데, 가장 견디기 힘든 부작용이 바로 팔다리에 힘 이 없다는 점이었다. 처음에는 '나이가 이렇게 들었나? 나도 곧 오 십이니 이런 건가! 이렇게 젊음이 빨리 가나' 싶을 지경이었다. 출 퇴근길에 지하철에서 정확히 30분을 서 있는 일이 죽기보다 더 고 역이었다. 오죽하면 칸과 칸 사이 문 옆에 기대고 서서 늘어져가 는 사지를 부여잡고 힘들어하는 나를 보고 연세가 너무나 지긋한 노인이 나에게 경로석 자리를 양보하며 "많이 힘들어 보이는데 이 리 앉으세요"라고 할 정도였겠나.

양약을 줄이고 한약을 먹기 시작하고 보름이 지나자 불안이 잦 아들고 무엇보다 마음의 힘이 생기기 시작했다.

'운동 삼아 계단을 걸어볼까?'

'시간이 좀 있네, 블로그 글을 좀 적어볼까?'

나는 운동 삼아 계단을 걷기 시작했는데, 처음에는 한 번에 한 계단이었으나 지금은 무조건 두 계단씩 오른다. 그게 7층이든 10 층이든 상관하지 않고 끝까지 오른다.

요가를 하면서 요가가 주는 묘한 매력과 눈에 띄는 심리적 안정 감이 신기해서 책을 사서 읽어보기도 했다. 어떤 자세가 어떤 부위 에 어떤 효과를 가져오는지를 더 깊이 배우고 싶어서 산 책이다.

요가의 과학
저자 앤 스완슨 출판 사이언스북스 2021.01.01.
e북 책인감 **17,910원** N Pay +

　나의 주관적인 경험으로는 이런저런 자세들이 불안에 특히 효험이 있지만 불안의 정도, 단계에 따라서(또는 사람에 따라서 달라지기도 할 터이다) 그 자세는 또 달라지는 것 같다. 지금 나에게 가장 효험이 있는 것 같은 자세는 요가의 가장 기본 자세인 반가부좌 자세다. 손가락은 엄지와 검지를 맞대는 것보다 엄지와 중지를 맞대는 것이 더 나을 수도 있다(이는 극히 개인적인 경험이다).

그리고 큰 숨을 내쉬며 복식호흡을 하고 명상에 들어가보라. 허리를 꼿꼿이 곧추세우는 일이 힘들다고 벽에 기대어 앉거나 하는 일은 아무런 도움이 되지 않는다. 오롯이 자신의 허리 힘으로 가부좌를 틀고 앉아 호흡을 다스릴 때에만 가장 큰 효험이 있음이 체득되었다.

두 번째 자세는 크레센드 런지라는 자세다.

가능하다면 오른쪽 무릎이 바닥에서 떨어지면 더 좋다. 크레센드 런지를 하면 분명히 허벅지나 고관절 외에도 코어 근육을 둘러싸고 통증을 느끼거나 힘이 드는 부위가 있을 것이다. 잘 생각해보면 이곳이 불안을 느끼기 시작할 때 불편함을 느끼는 부위와 비숫하다는 점을 발견하게 될 것이다(이 부분은 사람마다 다를 수 있다고 여겨지기에 미리 말해둔다).

한 달 동안 한약을 먹고 한의사와의 상담을 통해 약간의 처방을 바꾸는 타이밍에 양약도 조금만 더 줄여보고자 하는 나의 욕심 탓에 나는 며칠 동안 지독한 불안과 다시 싸워야 했다. 불안한 마음에 카페에도 들러보고 한의사와 실시간으로 카카오톡을 하며 몸 상태를 나누기도 했다. 며칠만 더 경과를 지켜보면 괜찮을 것이라는 한의사의 말을 듣기로 했다.

며칠이 지났고 다행히 불안은 다시 잡혔다. 물론 중간중간 요가도 하고, 각성이 심하게 일어나 머리가 아플 지경이 되면 타이레놀도 복용했다. 타이레놀을 집어들고서는 불안한 마음에 뒷면을 읽어보고(이러한 행위는 불안장애를 가진 이들의 대표적인 증상이라고 한다) '약사와 상의하고 복용해야 하는 사람'의 종류에 '삼환계 항우울제를 복용하는 사람'이 있다는 것을 보고 마음의 불안이 한층 가중되었지만 머리가 아픈 걸 잡아야겠다는 마음이 커 복용했고 다행히 과한 각성은 어느 정도 진정이 되었다(한의사조차도 한약 처방을 내리면서 머리가 아프더라도 타이레놀은 복용하지 말라고 지시한 것을 보니 공황이나 불안, 우울과 타이레놀 성분은 서로 조화롭지 못한 듯하다).

두 번째 한 달치 한약을 먹는 지금 상당히 몸이 안정화되어가고 있음을 느끼고 있다. 그래서 이 글을 적으려고 마음을 먹게 된 것이다. 어제와 그제 이틀 동안 무리한 골프 일정을 소화하면서 내심 피곤함에서 시작되는 과한 각성과 불안을 걱정했다. 골프를 치는 동안은 한약을 제때 복용할 수 없었으니 혹시나 하는 마음에 호주머니에 양약을 가지고 다녔다.

어제는 깜빡하고 그 양약마저 챙기지 않았으나 다행스럽게도 불안이나 각성은 일어나지 않았다. 분명 몸이 좋아지고 있는 것이라 믿는다.

이제 이 나이에 '불안은 내가 내 몸을 다스리고 돌아볼 때가 되었다는 신호'로 받아들이고 바쁜 마음을 내려놓고 긴 숨을 내쉬며 삶을 조망하는 마음을 평안함으로 채울 때라는 것을 배워가고 있다.

불안의 터널, 그 끝이 보이는 느낌이다.

5. 불안과 상처를 넘어 상처 입은 치유자로 살기

　알랭 드 보통은 『불안』이라는 책에서 현대 사회에서의 불안의 원인을 분석하고 이를 극복하는 방법을 제시하고 있다. 그는 불안이 현대 사회의 대표적인 특징인 무한 경쟁과 지위의식에서 비롯된다고 말했다. 우리는 항상 남과 자신을 비교하면서 끊임없이 자기를 채찍질하거나 절망하면서 불안해하고 무엇보다 현재 자신이 처한 위치보다 더 높은 지위를 얻으려고 노력하기 때문에 불안을 느낀다고 말했다. 이러한 불안을 극복하기 위해서는 우리 자신을 있는 그대로 받아들이고 남과 자신을 비교하지 않는 것이 중요하다고 주장했다.

　그는 또한 불안은 우리 삶의 일부이며 생을 살아가는 누구나 불안을 경험하며 살고 있기 때문에 자신이 느끼는 불안을 두려워하지 말고 그것을 받아들여야 한다고 말한다. 우리가 그 불안을 받아들일 수 있을 때 우리는 비로소 성장할 수 있으며, 그것을 극복할 수 있고, 더 성숙해지고 더 강해진다고 말이다.

또 다른 유명 영성가인 헨리 나우웬은 그의 책 『상처 입은 치유자』라는 책에서 '상처 입은 사람이 다른 사람을 치유할 수 있는 것은, 그들이 자신의 상처를 통해 다른 사람의 고통을 이해할 수 있기 때문이다'라고 말하고 있다. 상처 입은 치유자가 되기 위해서는 먼저 자신이 공동체 안에서 치유를 경험하고 먼저 그 상처를 치유받아야 하며, 그 이후에서야 비로소 다른 사람을 치유하는 치유자로서 살아갈 수 있다고 설명하고 있다. 아울러 나우웬은 이러한 치유가 제법 긴 시간을 필요로 하는 과정이며 절대 하루아침에 이루어지기는 쉽지 않다고 한다.

이 글의 서두에서 내가 뜬금없이 알랭 드 보통의 『불안』이라는 책과 헨리 나우웬의 『상처 입은 치유자』라는 책을 언급한 이유는, 이 책들의 제목과 내용이 지금 내가 살아가고 있는 삶의 전후를 잘 설명하고 있기 때문이다. 나는 2017년부터 극심한 불안 증세를 겪으며 바보(?) 같은 인내심으로 그 불안을 받아들이고 스스로의 힘으로 극복해보려고 했고 그에 따른 부작용으로 극심한 신체화 증상까지 불안을 발전시켜버리는 우(愚)를 범했다. 그리고 두 번의 휴직과 대여섯 번의 불안장애 재발…. 그러나 지금은 그 모든 불안을 극복해나가면서 나 스스로 상처 입은 치유자가 되어가고 있다는 것을 독자들에게 들려주며 희망을 나누고 싶다.

내가 그랬듯이 지금 불안이라는 감정에 눌리기 시작한 자신의 모습에 어쩔 줄 몰라 하며 이 책을 집어든 당신에게, 나는 당신 또한 나처럼 한 사람의 상처 입은 치유자가 되어 우뚝 서게 될 것이라는 말로 당신을 위로하려 한다.

내가 처음 불안장애로부터 놓임을 받았을 즈음 나는 나의 경험을 블로그에 적기 시작했다. 그리고 그런 나의 글들을 보며 사람들은 상처 입은 치유자에게 다가와 자신들의 불안을 털어놓고 나의 조언을 구하는 댓글들을 남겼고 나는 나의 경험들을 토대로 최선을 다해 그들의 불안증을 해결해주려 노력했다.

모든 내용은 가감없이 옮기되, 필명은 가명으로 처리했다.

블링블링

안녕하세요. 불안장애로 가족이 자이프렉사를 처방받다가 살찌는 문제를 이야기했더니 반 알로 줄이고 지난주부터 아예 처방에서 빼주셨어요.

근데 밤잠이 줄 때도 있고 아침에 무기력하고 불안감이 오는데 단약 시 일정 기간 동안 이러신 적이 있나요? 다시 교수님한테 간호사실 통해서 이야기를 해봐야 하나 해서요.

비상약을 먹으라고 했더니 그러긴 꺼려지시는지 집에 누워만 계신데, 제가 비상약을 먹든지 아니면 힘들어도 나가서 걸어보든지 하시라고 했는데 맞는 방법인지 모르겠네요.

└ 하노이아임킴(나)

아침에 찾아오는 불안의 경우 1시간 내에 잦아들면 괜찮지만 하루 종일 지속되면 단약은 바람직하지 않아 보입니다. 약을 줄이면 신경의 진정 효과가 떨어지니 밤잠이 줄기도 하죠.... 무기력은 보통 불안이나 우울 때문에 오는 경우가 많았습니다.... 저 같은 경우에도 약 성분들 중 부작용 때문에 힘이 들기도 했는데, 식욕을 돋우어서 자주 먹어서 살이 찌는 경우도 있었고 지금도 거짓 식욕 때문에 살이 조금 찌고 있습니다....

세 번째로 다시 약을 먹고 조절 중이지만... 제일 중요한 건 본인이 본인의 상태를 면밀히 살펴서 약의 종류나 복용에 신경을 써야 할 거 같아요.... 힘들다는 느낌이 들 정도로 단약을 하는 것은 아니라고 봅니다.

그리고 주변에서 잘 좀 챙겨주시고... 나을 거라는 긍정적인 메시지를 계속 주시는 것도 중요할 거 같아요.

이상 제 경험을 바탕으로 적어봅니다.

└ 블링블링

그렇군요. 하루 이틀 더 지켜보고 간호사실 쪽으로 메모 넣어보아야겠어요. 답변 주셔서 감사드립니다.

이러한 대화는 나의 블로그 곳곳에 비밀 댓글로 이어지며 서로의 불안을 위로하고, 하루라도 더 빨리 불안에서 헤어나올 수 있기를 소망하며 서로의 아픔을 어루만지고 있다. 또 다른 이의 댓글도 읽어보자.

반짝반짝

너무 감당하기 힘든 감정의 기복과 불안감, 어지러움, 과호흡으로 더 이상 미루면 안 될 거 같아 처음으로 병원을 갔네요. 의사가 왜 이제야 왔냐며 혼낼 정도로 상태가 안 좋았는데 그저 스트레스로만 치부했던 게 너무 내 자신을 안 돌아본 것이 아닌가 후회가 됩니다.... 때론 쉬어 가도 되는데.... 여기(블로그) 올리신 글 읽으면서 좋은 팁 얻어 갑니다. 저도 힘내서 공황장애 극복하도록 하겠습니다. 항상 감사합니다.

└ 하노이아잉킴(나)

네. 저 역시 지금도 세 번의 불안장애를 겪어내면서 과민성 대장증후군이 양태를 달리하면서 지금은 약간 공황장애 비슷하게 발전해버렸습니다. 그래서 전 장(腸)이 불안하여 버스나 지하철을 잘 못 타고 지하철을 타다가 갑자기 화장실이 가고 싶다는 생각이 불현듯 들면 갑자기 불안과 과호흡이 밀려들며 공황장애 비슷한 현상을 겪고 있습니다.
어쩌겠습니까, 약 먹으면서 이겨내야지요 뭐....
세상 사는 게 쉽지 않습니다.
우리 같이 이겨내보자구요.
자주 들러주시고 궁금한 사항들이 있으면 물어주시면 먼저

평범한 직장인의 평범하지 않은 불안 다루기

겪은 사람으로서 도움이 될 수 있도록 하겠습니다.

└ 반짝반짝(가명)

어제 약을 먹고 한결 좋아졌네요. 왜 진즉 병원을 빨리
안 갔을까 후회할 정도입니다. 말씀처럼 기운 차리고 꼭
극복하겠습니다.

나의 블로그를 즐겨찾기 및 알람 설정을 해두고, 내가 불안장애
관련 글들을 써내려갈 때마다 어느새 들어와 댓글을 달며 이런저
런 대화를 나눈 흔적을 볼 때마다 나는 블로그를 통해 어느새 상
처 입은 치유자로서의 삶을 살아가고 있는 자신을 발견하게 된다.
그리고 소망한다. 하루빨리 저들도 상처 입은 치유자로서 또 다른
상처 입은 사람들을 도울 수 있는 날이 빨리 오기를 말이다.

내가 상담을 통해 나의 근원적인 불안을 돌아보고 직면하며 용
납하고 용서한 모든 경험들은 최근에서야 또 다른 쓰임을 받고
있어 잠깐 그 경험을 나누고자 한다.

나는 총 11번의 상담을 받으면서 내 안에 무의식의 기저까지 깊
숙이 깔려 있는 불안의 궁극적인 원인들을 찾아 여행을 떠나게 되
었고 그것들을 직면하고 치유하면서 조금씩 불안을 다스릴 수 있
게 되었다. 그 경험을 토대로 최근 나는 아내의 무기력과 슬픔을
다루게 되었다.

사실 전문적인 심리상담학을 전공하지 않은 나로서는 다소 무

리한 일이었을 수 있으나 그저 내가 상담을 받았을 때 상담 선생님이 던진 것과 같은 질문들을 던져보고 또 그에 대해 내가 들었던 공감과 위로를 같은 패턴으로 들려준다면 못할 것도 없겠다는 생각이 들었다. 최근 어떤 계기로 슬픔에 잠겨 있는 아내에게 용감하게도 상처 입은 치유자가 되어보기로 했다. 아내와 내가 나눈 솔직한 대화를 따라오다 보면 이 글을 읽는 당신, 불안한 감정의 근본 원인을 잘 모르는 당신이라면 더욱더 다소간 자신을 돌아보는 데 많은 도움이 되리라 믿기에 우리 둘 사이의 대화를 그대로 들려주려 한다.

(나)
여보, 오늘 나는 당신과 함께 당신의 어린 시절 이야기를 좀 해보려고 해.
언제가 되었든 상관이 없어. 당신이 기억하는 시절들 중 당신이 가장 슬프거나 힘들거나, 분노에 휩싸였거나 가슴이 아팠던 기억이 있으면 들려줄래?

(아내)
내가 국민학교 1~2학년 때였던 것으로 기억이 나.
그 당시에 이미 아버지와 엄마와 헤어져 다른 집에 살고 있었고 아버지는 가족을 부양하기 위해 사우디로 일을 하러 가기로 하셨다고 들었어. 그래서 그날은 아버지가 사우디로 떠나기

전에 온 가족의 얼굴을 보려고 그 집으로 모이기로 한 날이었던
걸로 기억해.

우리 가족이 모이기로 한 그곳은 아버지가 엄마와 헤어지고
내연녀와 만나 결혼해 아들들을 낳고 살고 있는 그 집이었는데,
나는 그 집 대문 앞에서 들어가지도 않고 어디로 가지도 않고
그저 대문 앞에 우두커니 서 있었어. 그런데 신기한 건 말야,
내가 그 집에 들어갔는지 안 들어갔는지 기억이 안 난다는 거야.

(나)

당신이 집에 들어갔는지, 들어가지 않았는지는 중요하지 않아.
그건 그만큼 당신이 감정적으로 극히 힘든 상태였다는 뜻이야.
그때 당신의 기분은 어땠는데?

(아내)

한없이 슬펐던 것 같아. 아버지가 엄청 미웠던 것 같기도 하고.
아무튼 그 집에 들어가기가 죽기보다 싫었던 것 같아.

(나)

그랬구나. 지금 내가 그때 자기 모습을 머릿속에 그려봐도 참
기가 막힌 상황인 것 같아. 들어갈 수도 없고, 그렇다고 집으로
혼자 돌아가기에도 좀 어린 나이고... 당신 참 힘들었겠다.

(아내)

응. 정말 힘이 들었지.

(나)

그럼 내가 이런 질문 하나 던져봐도 될까? 당신은 벌써 오십이 넘었고 큰딸과 작은아들을 둔 두 아이의 엄마잖아. 그렇게 큰 당신이 국민학교 1~2학년인 당신, 내연녀와 살고 있는 아버지의 집 대문 앞에 우두커니 서서 들어가지도 못하고 집으로 돌아가지도 못하는 10살 남짓의 당신에게 한마디의 말을 건네준다면 당신은 무슨 이야기를 해주고 싶어?

(아내)

야, 도망쳐....

나는 아내의 첫 반응에 놀랐다. 나의 생각에 아내의 첫 반응은 흡사 국민학교 1~2학년 친구가 대문 앞에 서 있는 자신의 친구에게 외치는, 메말라버릴 대로 메말라버린 분노 같았기 때문이다. 그리고 그 말을 어른이 된 엄마가 바라보는, 현재 자신의 딸보다 더 어린 자신에게 건네기에는 전혀 위로나 안정감을 담고 있지 못하고 있다고 느꼈기 때문이다. 그래서 나는 질문을 바꾸었다.

평범한 직장인의 평범하지 않은 불안 다루기

(나)

여보, 당신이 아직 나의 질문의 의도를 잘 이해하지 못한 것 같아. 그럼 이렇게 질문을 바꿔볼게.

당신은 지금 50살이 넘은 어른이야. 그리고 당신은 지금 대문 앞에 서 있는 10살짜리 여자아이를 보고 있지. 그 여자아이는 당신의 딸보다 훨씬 더 어려.

그 여자아이가 자신의 엄마를 버린 아버지의 집 대문 앞에서 한 발자국도 움직이지 않고 서 있어. 그것도 오랫동안 말야. 그런 여자아이의 뒷모습을 보면서 당신은 무슨 생각이 들어?

아내는 잠시 생각에 잠기더니 얼마 지나지 않아 오열하기 시작했고 목구멍 너머로 슬픔이 벅차올라 눈물에 흠뻑 젖어버린 목젖 너머로 한마디를 토해냈다.

(아내)

자기야, 대문 앞에 서 있는 내가 너무 불쌍해.... 너무 불쌍해... 너무... 불... 쌍... 해.

나는 아내의 등을 쓰다듬어주면서 내가 상담 선생님께 받은 위로를 그대로 전해주었다.

(나)

그래, 맞아. 너무 불쌍하지. 대문 앞에 서 있는, 어린 당신은 너무 불쌍해. 그렇다고 혼자 집으로 돌아가버릴 만큼 크지도 않았기에 돌아갈 수도 없고, 집으로 들어가기는 죽기보다 싫었을 거야. 지금 당신은 이미 50살이 넘은 어른이고 두 아이의 엄마지, 그치? 우리 대문 앞에 서 있는 그 불쌍한 아이를 불러서 이리 오라고 하자. 그리고 당신이 안아줘. 불쌍한 것, 불쌍하고 가엾은 것, 얼마나 힘드니 하면서 당신이 좀 그 아이를 안아줘. 지금 당신은 그 아이를 안아줄 수 있을 만큼 이제 어른이잖아, 그치?

나는 아내의 등을 쓰다듬으며 아내를 꼭 껴안아주었고 아내는 "내가 너무 불쌍해, 내가 너무 가여워" 하면서 내 품에 안겨 끝없는 울음을 토해냈다. 한참을 울고 나서 아내는 마음을 다스렸고, 나와의 오랜 이야기 끝에 한결 밝아진 얼굴로 "맘 놓고 울어서 그런가? 마음이 조금 가벼워졌네"라며 배시시 웃어 보였다.

그날 저녁 이후로 아내는 나를 '벽창호 엉터리 상담가 선생님'이라고 불렀고(벽창호는 아내가 가끔 나를 부르는 별명인데, 자신의 말을 경청하지 않는 듯한 나를 빗대 이르는 말이다), 오늘 저녁에는 어떤 상담을 해줄 거냐며 나를 재촉했다. 그리고 나의 상담은 그 이후로도 서너 번 계속되었고 아내는 아내 속에 있는 근원적인 불안의 원인을 있는 그대로 직면하며, 용서하고, 용납하는 시간을 가지게 되었다.

내가 지금 이 글을 적고 있는 이 저녁에도 아내는 한결 밝아진 모습으로 주말 드라마에 심취해 있다. 한결 많이 나아진 탓인지 오늘 저녁에는 벽창호 엉터리 상담가 선생님을 찾지 않고 있다.

그렇다. 우리가 인생을 살면서 과감히 버려도 좋을 경험이라는 것은 없다.

특히 내가 6년간의 불안장애를 겪으며 켜켜이 쌓아온 많은 경험들은 때로는 블로그를 통해, 때로는 상담을 통해 불안 또는 슬픔과 아픔을 지닌 많은 사람들의 마음을 위로하며 보듬어주는 데 톡톡한 역할을 하고 있다. 그렇게 어느새 나는 불안과 상처를 넘어 '상처 입은 치유자'가 되어 또 다른 상처 입은 사람들을 치유하는 삶을 살아가고 있다.

불안 속에서 어찌할 바를 몰라 이 책을 집어든 당신 또한 언젠가는 그 불안을 극복하고 한 단계 더 성숙한 사람으로 거듭나 또 다른 아픔을 겪는 사람들을 돕고 위로하며 남은 인생을 살 수 있으리라고 굳게 믿으며 이 글을 닫으려 한다.

부디 희망을 잃지 않고 끝까지 붙들어 매시길. 당신의 삶에 다시 평화와 안식이 찾아오는 날이 반드시 온다는 것을 확신하는 하루가 되시기를 축복한다. 우리 끝까지 힘을 내보자.

Episode 4

뒤돌아보면 내 삶은 항상 불안했던 것 같다. 하지만 본격적으로 불안이 내 삶을 집어삼키기 시작한 때를 뒤돌아보면 그건 해외(K국)로 주재원 생활을 나가면서부터였던 것 같다.

불안이 어쩌다가 나의 삶을 송두리째 삼킬 시도를 할 수 있었을까. 나는 그 도화선이 된 사건을 B형 간염이 활성화되고 난 이후라고 생각한다.

K국 수도인 S시에 주재원 파견을 나간 이후 그곳에서의 생활은 사실 하루하루가 전쟁 같은 나날들이었다. S시 현지인들은 300명 가까이 되었지만 정작 주재원은 몇 명 되지 않았고 나는 인사, 총무, 기획, 신규 사업, 때로는 구매 업무까지 맡으면서 내게 밀려드는 업무들을 그저 '쳐내기 바빴다'라고밖에 표현할 수 없다. 6년간의 해외 주재원 생활 동안 내가 사용하던 노트북의 자판을 두 번이나 갈아야 했을 만큼 하루 종일 보고서와 기안지로 정신없이 일을 했고 스트레스는 날로 쌓여만 갔다.

평범한 직장인의 평범하지 않은 불안 다루기

본격적으로 몸이 약간씩 안 좋다고 느끼기 시작한 것은 대형 프로젝트 추진 및 운영을 총괄하여 책임지는 PM(Project Manager)을 두 번이나 연달아 맡으면서 스트레스가 극에 달할 때였던 것 같다. 그러던 어느 날 몸이 너무나 피곤하여 시쳇말로 '몸조차 가눌 수 없는' 지경에 이르고 온 얼굴이 사춘기 소년의 여드름으로 가득 찬 것마냥 온갖 뾰루지들로 엉망이 되었고 그제서야 나는 병원을 찾았다.

2013년 7월 사진, 뾰루지가 나다　　　2013년 10월 24일. 병색이 완연하다

　　병색이 완연한 이 얼굴을 보라. 이것이 어찌 사람의 얼굴이란 말인가.

　　그 당시만 해도 S시에는 한국인이 마음 놓고 찾을 수 있는 병원이 없었다. 물어물어 한국 정부가 K국과의 의료 협력을 위해 수도인 S시에 파견한 의사가 있다는 정보를 입수하고 그 병원을 찾아가서 간단한 피 검사를 했다.

피 검사 결과지를 받아 든 의사는 심각한 얼굴로 내게 결과지를 들이밀며 당장이라도 한국에 들어가 심층 검사를 해보라고 일러주었다. 혈액 검사지상의 모든 간 지표들(GOT, GPT, r-GPT, AFP)이 거의 간암 환자 수준으로 나왔기 때문이다.

그 의사는 지금 당장 저녁 비행기를 타고 한국으로 갈 것을 권고했고, 서울 강남에 있는 삼성의료원에 아는 사람이 있으니 진료 예약을 잡아주겠다고 했다. 나는 그 자리에서 사무실에 전화로 보고하고 여행사에 연락하여 한국행 저녁 비행기에 몸을 실었다. 한국으로 들어와 삼성의료원에 갔지만 할 수 있는 일이라고는 혈액 검사와 간 초음파, MRI를 하고 결과를 기다리는 일뿐이었다. 만 5일을 기다려 결과를 보러 간 날 의사가 나에게 한 말을 10년이 넘은 지금도 잊을 수 없다.

"간 초음파 및 MRI를 모두 시행해본 결과 다행히 간암은 아닌 것으로 판명되었습니다. 평소 B형 간염 보균자여서 항상 건강에 조심하셔야 했는데 지금은 비활성으로 있던 B형 간염이 활성으로 전환되었습니다. 일반적으로 혈액 $1ml$ 기준 AFP 정상 수치는 10~20ng이고 200ng/ml 이상이면 간암을 의심하는데, 선생님은 간암 의심 수치를 훨씬 초과하고 있습니다. 무엇보다 활성화되어 혈액 속에 돌아다니고 있는 B형 간염 개체 수가 너무 많습니다. 슈퍼컴퓨터가 셀 수 있는 $1ml$ 혈액 속 B형 간염 개체 수는 최대 백만 마리까지입니다만 선생님, 이것 보세요. 선생님은 언카운터블(uncountable)입니다. 슈퍼컴퓨터도 간염 개체 수를 세다가

평범한 직장인의 평범하지 않은 불안 다루기

포기를 했어요. 어떻게 이런 몸이 될 때까지 모르셨습니까."

의사는 B형 간염 약을 처방해주면서 이제는 평생 이 약을 먹어야 하며, 스트레스 해소나 피로 회복이 예전보다 훨씬 더 힘들어질지도 모르니 건강에 꼭 유의하라는 당부를 잊지 않았다. 하지만 K국으로 다시 돌아와서도 쉬지 못하고 계속 일을 이어갔다.

본격적으로 피로가 나를 먹어치울 듯이 덤벼들었고 나는 퇴근하면 저녁 숟가락을 놓자마자 잠들기를 거의 6개월 정도 한 것 같다. 퇴근 후 지친 몸을 이끌고 침대에 누우면 마치 내 온몸이 침대 속으로 스윽 가라앉아 침대와 내가 한 몸이 되었다는 착각이 들 정도였다.

다행히 3개월 정도 지난 후부터 조금씩 바이러스 개체 수가 줄어들기 시작했다. 80만 마리, 60만 마리, 40만 마리, 1만 마리… 점점 줄어들더니 끝내 정상 수치까지 끌어내릴 수 있었고 피로감도 어느 정도는 사라졌다. 하지만 의사의 말대로 그 뒤부터는 자그마한 일에도 스트레스로 인해 온몸이 쉽게 피곤해졌고 잔뜩 곤두선 신경은 날이 선 듯하였다. 그렇다고 일을 놓을 수는 없었으니 지금 생각하면 참 우둔했다는 생각을 지울 수 없다.

몸이 나아지려 할 즈음에 본격적으로 시작된 P지역 프로젝트, 그리고 연이어 시작된 T지역 프로젝트는 결국 나의 불안장애에 본격적으로 불을 지피는 촉매제가 되었다. K국에서 외국인들이 현지인을 상대로, 그것도 현지에서 모든 원재료를 조달하여 제품을 생산하고 현지에 판매한다는 것이 여간 쉬운 일이 아니었다. 현지인들은 대놓고 외국인의 돈을 날로 먹으려고 덤볐다.

문과를 졸업하고 공사 도면이란 것을 한 번도 볼 일이 없이 살아온 내가 온통 외국어만으로 가득 찬 계약서와 공사 도면, 공사 견적서를 받아들었을 때의 막막함이란 이루 말할 수 없었다. 공장을 운영해본 경험도, 지어본 경험도 없는 나한테만 오롯이 주어진 PM 업무는 말 그대로 지옥행 열차를 탄 것이나 마찬가지였다.

도면, 계약서 등에 적힌 모든 용어들은 설비와 공사 전문 용어여서 통역조차 아무 소용이 없었고, 나는 아무런 기술적인 지원이나 도움을 받지 못한 채 그저 계약 공사 금액에 대한 협상만 진행하고 PM 업무를 시작했다. 지금 생각하면 얼마나 무식하고 아찔했는지 모르겠다. 그리고 어찌 그리 아둔했는지 후회가 된다. 조금만 마음을 낮추고 시선을 돌려 다른 이들의 도움을 받았으면 되었을 일인데…. 나는 고집스레 그러지 않았다.

공장은 어떻게 짓는 것인지도 몰랐고, 심지어 큰 공사들은 반드시 감리를 붙여야 한다는 개념도 내 머릿속에는 없었다. 공장 건설 과정을 챙길 수 있는 마음의 여유도, 절대적인 시간도 부족했다. 그 와중에 K국 현지 토목건설사는 공장 건설과정에서 온갖 이문(利文)들을 다 빼 갔다.

P프로젝트 수행을 위한 공장이 세워지고 나서 공장을 운영하는 사람들로부터 원망이 들려왔다. 공장을 뭐 이따위로 지었냐는 것이다. 2~3개월 후부터 공장 여기저기에서 문제들이 터지기 시작했다. 공장 구조물의 일부인 램프(경사면) 옹벽에 금이 가기 시작하면서 금방이라도 무너질 것 같았다. 처음부터 부실공사였던 것이다. 무엇보다 큰 일은 원재료를 저장하기 위해 세운 500톤 규모의 설비가 약간씩 기우뚱하게 보이기 시작했다는 것과 콘크리

트로 다져놓은 바닥마저 금이 가기 시작했다는 것이었다.

불행은 혼자 오지 않고 겹쳐 오는 것이라 했던가. 공장에 원재료를 납품하는 업체에서는 원재료 속에 원목과 큰 벽돌들을 실어 보내기 시작했고, 품질 불량을 이유로 납품을 거절하면 차량을 공장 출입구에 세워두고 키를 뽑아 들고 집으로 가버렸다. 그리고는 품질실 직원에게 전화를 걸어 온갖 협박을 서슴지 않아 직원들은 모두 P지역 공장을 떠나고 싶어 했다. 그들이 납품한 원재료 속에는 때로는 진흙 덩어리가 뭉텅이로 섞여 있기도 했고 걸핏하면 단가를 올려주지 않으면 공급을 중단하겠다고 협박했다. 500톤 규모의 설비가 조금씩 기울기 시작한다는 이야기를 듣고 한두 주가 지난 어느 날 P지역에 큰 태풍이 몰아친다는 뉴스가 나왔다.

'저 저장 시설이 넘어지면 나는 끝장이야.'

K국 수도 소재의 J아파트 거실 창가에서 비바람이 몰아치는 창밖을 바라보며 공장 시설에 아무런 일이 없기를 바라면서 밤새 불안에 떨었던 때를 잊을 수 없다. 하지만 세월이 흐르고 보니 P지역 프로젝트 PM은 그저 시작에 불과할 정도였다.

T지역 프로젝트가 연이어 시작되었고, 내가 데리고 일하던 나의 통역이 내게 한 말은 이미 명백히 나의 미래를 말해주고 있었다는 것을 그때는 몰랐다.

"팀장님, P지역 프로젝트로 많이 힘드셨을 텐데, P시(市)는 T시(市)에 비하면 양반이라는 걸 곧 알게 되실 겁니다. 우리나라 사람들도 T시(市) 출신 사람들과는 상종을 하지 않아요…. 사실 저도 너무 걱정이 됩니다."

정말 그 아이의 말이 맞았다. 공장 가동을 위한 필수 원재료를 공급하기로 한 업체는 계약서 따위에는 전혀 신경 쓰지 않고 한 푼이라도 더 주는 업체에게 원재료를 다 팔아버렸다. 현지 경찰들은 하루가 멀다 하고 원칙조차 없는 단속을 일삼아 원재료를 수송하는 트럭들이 공장 안으로 들어오지 못하는 날이 많았다. T지역 프로젝트 원청사였던 K국 건설사는 프로젝트 추진에 지장이 있을까 봐 걸핏하면 원재료 재고 체크 및 품질 검사를 해댔다.

원재료 창고가 비어가는 날은 내 온몸의 피가 말라가는 날이었다. 악몽 같았던 T시(市) 프로젝트를 하면서 현장에 파견된 한국인 주재원 4명 중 2명이 병이 나 한 분은 한국으로 원복했고 한 분은 그냥 퇴사하셨을 정도이니 말 다한 것이 아닌가.

지금 생각하면 그렇게까지 내가 내 몸을 불사르고 내 영혼을 갈아 넣을 이유는 없었다. 하지만 실패하고 싶지 않았다. 내가 이 일을 성공적으로 마치지 못했을 때 회사에 끼치게 될 손해를 그때는 용납할 수 없었다. 어쩌면 내 인생에서 실패라는 것을 용납하는 일에 나는 너무나 서툴렀던 것 같다.

원재료 창고에 원재료가 조금씩 비어가는 그 어느 날 저녁 내 온몸은 불안으로 가득 차기 시작했고 나는 며칠 동안 계속 잠을 이룰 수 없었다. 그날부터 불안은 내게 수시로 다가와 말을 걸기 시작했다.

내가 만약 한국에 있었더라면 그 불안이라는 녀석을 그렇게 크게 키우지는 않았을 것이다. 하지만 그 당시 나는 K국 로컬 의사들을 믿을 수 없었고 더구나 불안이라는 신경의학적인 분야에서는 더욱 그랬다(K국 로컬 의사들은 머리가 아파도 항생제와 소염제, 배가 아파도 항생제와 소염제를 처방한다는 것을 현지어를 구사할 수 있게 되면서 알게 되었으니 나에게 믿음이란 게 있다면 이상한 일이었다).

어쩔 수 없이 한국인이 운영하는 로컬 내과에 가서 불안을 이야기하고 약을 지어 먹었지만 아무 효과가 없었고 오히려 과진정 상태가 너무 심해져 이틀 동안 집 거실 바닥을 기어다니다 결국 너무나 쉽게 치료를 중단하는 우(愚)를 범하고 말았다. 그리고는 그저 견뎌보자고 결심했다. 감히 그 불안이 어디까지 치닫게 될 것인지 짐작조차 하지 못하면서 말이다.

그때는 불안에 대한 아무런 지식도 없었고, 몸이 안 좋다고 하여 휴가를 내고 한국에 들어올 배짱도 그리 두둑하지 못했다. 불안한 감정쯤이야 그저 마음먹기 나름이라고 생각했고 잠시 아팠다가 사라질 영혼의 감기 같은 것이라 쉬이 여겼다.

그 어리석은 결심은 약 한 달 동안 밥을 제대로 먹지 못하고, 잠을 이루지 못한 채 몸무게가 10킬로그램 이상 빠지면서 불안이 신체화 증상으로 미친 듯이 진화하고 끝내 나의 온몸과 의식과 정서를 모두 삼켜버릴 때에서야 비로소 바뀌었다. 때늦은 후회는 불안장애로 인한 두 번의 휴직, 완치 이후의 재발과 또 재발을 3~4년 동안 이어가 오늘에 이르도록 만드는 단초를 제공하게 되었다.

자가측정 우울척도 지수

※ 긍정 질문의 경우 배점은 거꾸로 적용하셔야 합니다.

No	문항	아니다 (1점)	때때로 (2점)	자주 (3점)	항상 (4점)
01	나는 의욕이 없고, 우울하고 슬프다				
02	나는 하루 중 아침에 가장 기분이 좋다				
03	나는 갑자기 울거나 울고 싶어질 때가 있다				
04	나는 잠을 잘 못 자거나 아침에 일찍 깬다				
05	나는 전과 같이 잘 먹는다				
06	나는 이성과 이야기하고 함께 있기를 좋아한다				
07	나는 체중이 준 것 같다				
08	나는 변비가 있다				
09	나는 평상시보다 심장이 빨리 뛰거나 두근거린다				
10	나는 별 이유 없이 몸이 나른하고 피곤하다				
11	내 정신은 전처럼 맑다				
12	나는 어떤 일이든 전처럼 쉽게 처리한다				
13	나는 안절부절해서 가만히 있을 수가 없다				
14	나의 장래는 희망적이라고 생각한다				
15	나는 평소보다 짜증이 많아졌다				
16	나는 매사에 결단력이 있다고 생각한다				
17	나는 유익하고 필요한 사람이라고 생각한다				
18	나는 내 삶이 충만하고 의미가 있다고 생각한다				
19	내가 죽어야(사라져야) 남들이 편할 것 같다				
20	나는 전과 같이 즐겁게 일한다				

자가측정 우울척도 지수	전체 임상적인 인상
50점 이하	정상 범위
50~59점	최소한에서 약한 우울증
60~69점	중증도에서 고도의 우울증
70점 이상	극도로 심각한 우울증